POLY...

...TÉRAIRE & HIS...

AVEC UN EXAMEN

du

... conservé à la Bibliothèque d'...

par l'Abbé J.-P. FA...

A OBTENU LA MÉDAILLE D'OR ... AUX ... DU

CENTENAIRE DE SABOL...

AVIGNON

...NEL FRÈRES, LIBRAIRES

..., Place ... Pie, n° 4

CARPENTRAS

... rue ... Marché

1894

SABOLY

ÉTUDE LITTÉRAIRE ET HISTORIQUE

SABOLY

ÉTUDE LITTÉRAIRE & HISTORIQUE

AVEC UN EXAMEN

DU

Manuscrit conservé à la Bibliothèque d'Inguimbert

Par l'Abbé J.-P. FAURY.

OUVRAGE QUI A OBTENU LA MÉDAILLE D'OR AUX JEUX FLORAUX DU CENTENAIRE DE SABOLY.

AVIGNON

AUBANEL FRÈRES, LIBRAIRES,

9, Place Saint-Pierre, 9.

CARPENTRAS

Félix PINET,   Chez L'AUTEUR,

24-26, Passage-Boyer, 24-26.   2, rue des Marins, 2.

1876.

PRÉFACE

Au commencement de l'année 1856, M. Fr. Seguin aîné, imprimeur-libraire à Avignon, faisait paraître un nouveau *Recueil des Noëls de Nicolas Saboly*, publié pour la première fois avec les airs notés. Cette splendide édition, préparée, pendant de longues années, par de patientes recherches, et exécutée avec un luxe typographique qui ne laisse rien à envier aux plus beaux travaux sortis des grandes imprimeries de Paris, est un véritable monument qui durera plus que l'airain. Assurément rien, depuis deux cents ans, n'avait été fait d'aussi considérable à la gloire du troubadour du XVIIe siècle. Mais cette œuvre qui excita une véritable admiration parmi les philologues et les érudits, n'était pas assez à la portée de tous pour qu'elle pût servir à populariser dans les familles les chants des noëls. C'est pourquoi, sur les recherches et les travaux déjà établis, des éditions populaires furent publiées. Elles se répandirent partout dans le Midi et sont, aujourd'hui encore, dans toutes les mains. Cependant il restait quelque chose à faire, au moins pour mieux faire goûter et apprécier les noëls.

Saboly a bien été toujours le noëliste populaire ; n'a-t-il pas été un peu trop le noëliste familier, bonhomme et presque vulgaire ? Pour la foule qui aime à le chanter, il est tout entier dans *Micoulau noste pastre, Pastre pastresso, Quand la mièjo-nue sounavo, Un béu matin veguère uno acouchado, Per noun langui,* etc... Mais le prêtre avec sa dignité sacerdotale, toujours fidèle au respect des choses saintes, le poète qui a des

accents sublimes pour célébrer la Rédemption, le poète avec ses grâces inimitables et
quelquefois sa bonhomie fine et railleuse,
l'observateur, l'historien, et toutes ces choses encore qui forment autour de Saboly une
éclatante auréole, la foule ne les aperçoit pas.
Tout cela est absolument ignoré, même du
plus grand nombre de ses admirateurs.

La savante introduction dont M. Fr. Seguin
a fait précéder son édition et de laquelle il a
été dit avec raison qu'elle est « écrite comme
l'eût fait l'un des Quarante », est assurément
une œuvre magistrale; elle a jeté une vive
lumière sur le génie de Saboly ; mais son but
n'était pas de présenter, dans les détails de
chaque pièce, une analyse des beautés qui s'y
rencontrent.

Cependant la pensée était venue à un homme
de talent, très-versé dans l'étude des lettres
provençales, de travailler à une œuvre à part,
dans le dessein de rendre au noëliste l'illustra-
tion de son génie, en faisant connaître le vrai
mérite de ses œuvres. M. Agricol Richard,

après des travaux préliminaires qui l'occupè-
rent longtemps, se préparait à publier une
étude littéraire sur Saboly. La mort le surprit
au milieu de ses recherches, nous laissant le
regret qu'il n'ait pas pu mener à bonne fin une
œuvre si utile.

Ce projet, dont nous avons trouvé l'indication dans l'introduction de M. Fr. Seguin,
n'ayant pu être réalisé, nous avons eu
nous-même la pensée de le reprendre et d'essayer, à notre tour, une appréciation critique
et littéraire des œuvres du vieux Maître. C'est
cette étude que nous publions aujourd'hui.
Nous l'offrons à tous les amis de nos traditions
nationales et chrétiennes.

L'histoire du Comtat, à la deuxiéme moitié
du XVIIe siècle, se trouve mêlée un peu partout dans cette étude. Il n'est pas possible de
comprendre Saboly si on ne le place pas au
milieu des événements de son pays et de son
siècle, auxquels il a pris, comme poète, une
part très active.

Nous donnons aussi quelques détails biographiques, faisant en sorte de rectifier les erreurs nombreuses qui, depuis longtemps, se transmettaient dans les diverses notices publiées sur la vie de notre poète.

Enfin, nous ferons suivre cette étude d'un examen sérieux d'un manuscrit conservé à la bibliothèque d'Inguimbert, lequel, jusqu'ici, avait été regardé comme l'œuvre incontestable de Saboly. Il nous a paru utile de donner quelque étendue à cette partie de notre travail, d'abord à cause de l'importance qu'on a voulu attacher à ce prétendu autographe, et aussi à raison des témoignages très-graves, invoqués pour établir son authenticité.

Qu'il me soit permis, en terminant ce petit mot de préface, d'offrir mes remercîments à M. Barrès, le savant bibliothécaire de Carpentras. C'est à son obligeance et à ses lumières que je dois la plupart des notes et des observations qui m'ont servi à fixer certains points douteux de la vie de Saboly.

I

I

Ce qui fait le poète lyrique. — *Mens divinior.* — Les troubadours provençaux chantent l'amour. — Saboly chante
l'Enfant-Dieu.

« C'est l'honneur des Provençaux, a dit
« M. Saint-René Taillandier, d'avoir chanté
« les premiers l'amour et ses mille enchante-
« ments. D'autres le chanteront mieux sans
« doute ; des poètes plus hardis entreront
« dans ses mystères ; ils sauront parcourir
« tous les degrés de cette faculté magnifique,
« et arrivés au fond de notre être, ils y trou-
« veront Dieu. »

Le savant critique, dans ces dernières lignes où il note une réserve, entendait parler de la *Divine Comédie* et du *Canzoniere*. Mais, selon nous, en parlant de la sorte, il n'a fait qu'entrevoir la vérité sur la nature et la source des hautes inspirations du Dante et de Pétrarque. Non, ni la « science profonde de l'amour » n'a fait toute seule ces grands poètes, les chantres de Laure et de Béatrix, ni les inspirations moins élevées des maîtres de la *gaie science* ne s'expliquent par moins d'amour. Ce qui a manqué à ceux-ci, malgré leur grâce et leur fraîcheur, ce n'est pas l'amour, — il était un peu trop partout dans leurs œuvres — mais c'est Dieu. Et ce qui a fait cette flamme vive qui échauffe et anime les vrais grands poètes, le poète de Florence, par exemple, c'est qu'ils « ont trouvé Dieu ».

« Quand l'Europe redevenue barbare, dit Villemain, se débrouilla, et que l'esprit du Dante flotta sur ce chaos, la poésie lyrique, en sortant du temple, resta cependant toute chrétienne. Les plus beaux hymnes sont épars dans le *Purgatoire* et le *Paradis*, sur ces routes semées d'étoiles, entre ces soleils, au pied de ce trône de Dieu qu'a vu le poète. C'est de là, c'est de cette source que tombe, par une bouche profonde, le fleuve immense dont parlait Horace (*). »

Dieu, voilà donc la véritable flamme inspiratrice. C'est cette âme divine, *mens divinior*, qui a fécondé l'âme des Homère, des Pindare, des Sophocle chez les Grecs et des Virgile chez les Latins (**).

(*) Villemain. *Littérature du XVIII*e *siècle.*

(**) On pourra objecter que Pindare et les autres poètes lyriques d'Athènes ou de Rome ne chantaient guère que les traditions nationales, les jeux d'Olympie et de Némée ou les actes héroïques de leurs concitoyens. Cela est vrai ; mais on n'a pas assez pris garde avec quels soins ils cherchaient à diviniser leurs héros. Et c'était un irrésistible besoin, afin de pouvoir mieux s'élever au-dessus des choses vulgaires de la vie humaine et trouver l'inspiration et le souffle dans l'âme même de la Divinité. De sorte que l'âme du poète échauffée, passionnée au contact de ce souffle divin, trouvait des accents sublimes que la terre ne connaissait pas.

Qu'est-ce au contraire qui fait défaut à certains poètes, à Horace chez les anciens, à J.-B. Rousseau chez les modernes? C'est cette vue vraie, lumineuse, éblouissante et convaincue de la Divinité. Horace est inimitable dans l'épitre et la satire; il est admirable dans la poésie familière et l'ironie de cour; mais il est froid et sec dans ses odes, et le ton de sa lyre n'est le plus souvent que prétentieux. Pourquoi n'a-t-il pas su, ce poète glorieux d'Auguste, trouver le véritable accent lyrique? Est-ce, comme dit Villemain, parce qu'il lui manquait quelque chose de l'âme de Rome? Non, ce n'est pas l'âme de Rome, mais c'est l'âme divine. Horace ne croit pas, il est sceptique, il est fils d'Epicure, et, comme il le dit lui-même, très-peu fort pour le culte des dieux.

Parcus Deorum cultor et infrequens.

Il plaisante à demi les dieux qu'il célèbre, et l'on sent bien qu'il est incrédule à l'apothéose même d'Auguste.

Quant à Rousseau, son habit fin, correct, académique, a pu tromper certains esprits distraits, mais je ne sais pas si là-dessous il est possible de rencontrer une âme de poète lyrique. S'il y a quelque chose, c'est tout de labeur et rien d'inspiration. On peut le dire, il a passé sa vie à jeter de l'eau froide sur ce foyer vivifiant et sublime.des psaumes. Sa verve était artificielle, et son enthousiasme était de cette espèce que Sainte-Beuve appelle « l'enthousiasme après quatre heures du soir. » Dieu, bien qu'il l'invoque, n'est pas, on le sent bien, dans ces hymnes travaillés péniblement, comme le fer sur l'enclume.

Ces considérations nous paraissent importantes. Elles n'ont pas été assez comprises de nos critiques modernes. De là vient cette indécision et le peu de lumière qu'ils apportent dans leur jugement. A ce sujet, il est curieux de voir l'embarras et l'obscurité du plus spirituel des critiques de notre

temps. Quand il veut, à travers son scepti-
cisme, nous expliquer les conditions essen-
tielles de la poésie lyrique, Sainte-Beuve,
ne voulant à aucun prix mettre Dieu de la
partie, ne sait plus où trouver sa route, lui,
le critique si fin d'ordinaire et si lumineux.
Il dit très-bien ce que chante le poète, et
il ne sait pas nous dire à quelle source ni à
quelle inspiration il nourrit son génie (*).

Mais pourquoi, à propos de notre muse
provençale qui n'est le plus souvent que co-
quette et légère, cette grande discussion sur
le vol sublime de l'ode? Et fallait-il, à propos
de troubadours et de jongleurs, citer Homère,
Pindare et Virgile?

D'abord, nous sommes en face d'une vraie
poésie nationale avec sa manière propre et ses
caractères déterminés, ayant ses poètes de
renom, quoique vantés un peu plus que leurs
œuvres; une poésie chantée comme l'ode et

(*) Sainte-Beuve. *Portraits littéraires*, t. I.

par conséquent appartenant, de sa nature, au genre lyrique. D'autre part, il y a un préjugé très-accepté malgré les leçons de l'histoire et de nos traditions, selon lequel, l'amour serait la condition vitale de toute poésie chantée. Il fallait donc bien affirmer que l'amour tout seul ne suffit pas à inspirer le poète ; et que la poésie, dont ce sentiment ou cette passion serait l'élément principal, ne saurait être un monument pour les âges à venir.

Et voici, en effet, de gracieux et vrais poètes ; leurs noms sont fort connus des érudits : ils s'appellent Bernard de Ventadour, Raimbaud de Vacqueyras, Bertrand de Born, Arnaud Daniel et autres encore. Ils avaient pour théâtre de leurs succès les cours d'amour où se livraient ces tournois poétiques si célèbres autrefois. Leurs œuvres sont écrites dans cette belle langue provençale, l'ainée des langues romanes, dit Arnaud d'Aubignan (*),

(*) *Variétés littéraires*, I. p. 8 note.— L'abbé François Arnaud est né à Aubignan, joli bourg du département de

et à laquelle les autres sont redevables du mécanisme et des procédés de leur versification ; cette langue dans l'étude de laquelle se sont formés Pétrarque et le Dante (*); et qui, aujourd'hui encore, a ses chaires où elle est enseignée (**). Ces compositions, où ils étalaient toutes les recherches de l'art, constituaient dans leur ensemble une poésie

Vaucluse. Les actes de catholicité conservés aux archives de la mairie portent qu'il a été baptisé le 27 juillet 1721. Il fut reçu membre de l'Académie des inscriptions et belles lettres en 1762, et de l'Académie française le 13 mai 1771.

(*) C'est manifestement à cette langue qui a servi d'origine à la langue italienne, dit le P. Ménestrier, et c'est aux trouvères que le Dante, Pétrarque et les autres poètes italiens doivent la plupart de leurs inspirations. (Des *Représentations en musique anciennes et modernes*. Paris, René Guignard, 1681.)

(**) En Allemagne il y a treize chaires de littérature et de langue provençales, à Berlin, Breslau, Giessen, Halle, Heidelberg, Leipzig, Rœnisberg, Munich, Munster, Rostock, Tubingen et Strasbourg. Cette dernière chaire est de création récente, elle date de l'annexion. Le professeur qui y est attaché, M. Bœhmer, savant fort distingué, suit un programme mi-parti de vieux provençal et de provençal mo-

raffinée et savante qui exigeait des juges délicats (*). Or ces poètes ont chanté surtout l'amour, cette flamme qui devait si bien faire vivre leurs œuvres. Cependant, en dehors des archéologues qui ont l'œil et la main partout, quelqu'un pourrait-il, aujourd'hui, nous réciter quatre vers de leurs belles tensons ou de leurs sirventes ?

Mais finalement voici un poète qui vient à l'heure où cette même langue, si en honneur jadis, est discréditée et presque tombée ; à l'heure où elle n'existe plus que dans les traditions et les usages du menu peuple de la Provence. Et ce poète est un prêtre (**). Il prend

derne. — En Suisse il y a quatre chaires de langue provençale, à Bâle, Fribourg, Neufchâtel et Zurich.—En Italie, il y en a une à Milan. -- Chose digne d'étonnement, en France, il n'en existe pas une seule. Espérons toutefois que la loi sur la liberté de l'enseignement nous en vaudra quelques-unes dans les Universités catholiques.

(*) Fauriel, *Histoire de la poésie provençale*, I, p. 15.

(**) Ce n'est pas, du reste, la première fois que le clergé sauve ou relève la langue provençale. Fauriel a une page

cet instrument vieux et usé, il le rajeunit et s'en
sert, non pas pour chanter l'amour ou les grandes passions de l'épopée et du drame, — il n'a
pas, semble-t-il, le souci des grandes œuvres
— mais pour chanter Dieu-Emmanuel, en de
simples et ravissantes pastorales. Et son sujet
ne varie jamais. Dans plus de soixante poèmes
il chante l'Enfant-Dieu, couché dans une crèche, adoré des bergers et des rois ; l'Enfant-
Dieu, épouvante de la Mort et du Diable, sa-
lut et rédemption de l'humanité. Or, c'est
cette variété si grande en un même sujet qui
étonne et qu'il faut admirer sans réserve dans
ce poète. On peut dire de sa flûte pastorale,
comme Théocrite le disait du syrinx de ses
bergers, que c'est une flûte à neuf voix ; tous
les tons s'y trouvent.

Ce sujet unique, qui n'est autre que Dieu

curieuse où il démontre que, dans plusieurs circonstances,
le clergé du Midi, pour des motifs religieux, est intervenu
dans la culture du roman méridional encore indécis et gros-
sier, et a contribué à le fixer et à le polir. (Voir *Histoire
de la poésie provençale*, I, p. 5.)

même, le pénètre, l'échauffe, le fait poète
et poète plus grand que tous ses devanciers. Et quand ceux-ci sont bien morts pour
toujours, ou vivent à peine dans la mémoire de quelques érudits, Saboly est pleine-
ment vivant dans ses œuvres ; dans ses œuvres que nous connaissons tous, gens du peuple et gens de lettres ; ses œuvres que nous
chantons avec l'accent de la plus réjouissante
allégresse, dans la famille autour du foyer,
devant la Crèche à l'église, dans les rues
même et partout. Voilà deux cents ans que
cela est ainsi et cela sera toujours, comme l'a
prédit son panégyriste :

> Jamai mourra,
> Toujour sara
> Saboly, Saboly !
> . . . .
>
> Dins dous cèns ans,
> Lei gènt voudran
> Saboly, Saboly !

La prédiction est accomplie. Voilà juste

deux cents ans qui se sont écoulés depuis la mort du poète (*), et nous chantons encore Saboly comme aux plus beaux jours de sa popularité.

Assurément, ce poète n'a rien à envier à la renommée. Et pourtant certains critiques en sont à regretter qu'il n'ait pas chanté l'amour. Un érudit de la Provence, mais non pas toujours un homme de goût, M. Fortia d'Urban, dans une notice sur Saboly (**), n'a pas craint d'émettre cette opinion que si notre poète avait « chanté l'amour, les belles et les exploits de l'ancienne chevalerie, » il aurait eu une place distinguée parmi les premiers poètes de la nation (***). Etrange erreur. Mais tel est l'empire des préjugés.

(*) Saboly mourut le 25 juillet 1675.

(**) Biogr. Michaud.

(***) M. Ch. Soullier, un provençal aussi, et qui connaît certainement nos traditions nationales, a répété cette appréciation dans la *Chronique musicale*, n° du 15 octobre 1873.

En vérité, avec toutes les ressources de son art, s'il avait chanté seulement l'amour profane, Saboly serait à cette heure, comme ses devanciers, un troubadour dans les légendes et reposerait où reposent aujourd'hui les Geoffroy Rudel et les Arnaud Daniel, bien que celui-ci ait été cité par le Dante et que Pétrarque fasse mention du premier. Il dormirait où dorment tous ces poètes sensualistes qui ont mis en péril les lettres provençales, et dont les noms même ne seraient plus connus, sans la patience et le travail du *Moine des Isles d'or* qui a recueilli quelques-unes de leurs œuvres (*). Si donc il est le poète populaire du Midi de la France et le troubadour du XVIIe siècle, c'est qu'il a cherché plus haut son inspiration et a su se créer un sujet au-dessus de ce sensualisme mauvais des passions humaines.

Certes, en parlant ainsi, nous n'amoindris-

(*) M. Seguin, *Recueil des Noëls.* Introduct., p. VIII.

sons pas la puissance créatrice, le vrai génie de Saboly; nous l'affirmons au contraire. Autant que poète du monde, il est *bon faiseur*, comme disait son imprimeur Michel Chastel, dans l'édition publiée par lui en 1699; il est *inventeur*. Il a cette allure vive, originale, pleine d'enthousiasme, qui émeut et commande l'admiration. Il n'emprunte à personne la lyre sur laquelle il chante ses vers; il a sa propre lyre, lyre gracieuse, sonore et dont les cordes, pour n'être pas montées sur les modes d'Ionie ou de Lesbos, n'en sont pas moins singulièrement harmonieuses.

Néanmoins, avec toutes ces facultés si puissantes et si fécondes, je n'hésite pas à le dire, c'est surtout à la matière traitée que le poète doit le succès étonnant et si durable de ses œuvres. Dans un récit plein d'enthousiasme, il raconte ce qu'il a vu dans son imagination de poète. Il a parcouru toutes les parties du monde, la terre et la mer; il a vu l'entrée du grand Roi Louis dans Avignon ; il a suivi la cour, il en a vu les splendeurs, mais

> Bèn qu'acò fusse bèu, n'es pas rèn
> Auprès de ce qu'ai vist dedins Betelèn.

C'est qu'en effet la matière était vraiment sublime. Qu'on imagine les mystères les plus touchants de la religion, mis pour ainsi dire en scène ; et où se déroulent les grandes choses faites par Dieu dans l'Incarnation et dans la Rédemption ; puis un poète d'une imagination vive, parlant la langue du peuple, revêtant ses personnages de la foi et des mœurs de son temps ; racontant, non pas les gestes frivoles d'un chevalier et l'amour de sa dame, mais chantant des sujets divins ; tantôt nous faisant verser des larmes de douce piété et de tendresse, tantôt provoquant les éclats bruyants de la joie, qu'on entend comme les échos des cantiques des anges. Est-il rien de plus grand qu'un tel sujet ? Est-il rien qui pût exciter davantage l'admiration et l'enthousiasme ?

II

II

Détails biographiques. — Saboly bénéficier et organiste de St-Siffrein, à Carpentras. — Il est appelé à remplir les mêmes fonctions à la collégiale de St-Pierre, à Avignon. — Il commence à composer ses Noëls. — Son génie poétique.

Tel est Saboly à ce premier coup-d'œil général et comme de synthèse, qui suffirait à nous faire juger de l'ensemble de ses œuvres, mais ne saurait nous donner tout le secret de son génie et de la manière qui lui est propre, si, avec ce rayon de lumière, nous n'examinions de plus près la vie du poète et ces petites merveilles que nous appelons : *Li Nouvè de Saboly*.

Né à Monteux (*), petite ville du Comtat, le 30 janvier 1614, Nicolas Saboly reçut une éducation conforme à la condition de sa famille (**). Son père Jean Saboly était bourgeois et fut consul en 1615. Nicolas fit toutes ses études au collége de Carpentras (***), di-

(*) Sa famille est originaire de Montbrison (Drôme); mais sa naissance à Monteux n'est pas douteuse, ainsi qu'il résulte des actes de l'état-civil conservés aux archives de cette ville.

(**) Dans la préface à l'édition de *Li Nouvè de Saboly e di Felibre*, M. Mistral, sans doute sur la foi du *Manuscrit* de Carpentras, écrit que les parents de Saboly étaient huguenots. Dans notre *Examen du manuscrit* nous dirons ce qu'il faut penser de cette assertion.

(***) M. Fortia d'Urban (*Biog. Michaud*) dit que Saboly a fait ses études à Avignon. M. Barjavel, suivant une note de M. de Blégier, pense que s'il les a commencées à Avignon, il les a certainement terminées à Carpentras. Tous ceux qui, après lui, ont écrit quelque chose sur les noëls ou sur leur auteur, n'ont pas manqué de suivre cette leçon. MM. Seguin, Boudin, Mistral, etc. ont répété simplement le dire de M. Barjavel.

Cette leçon est évidemment fautive. M. Fortia n'appuie son affirmation sur aucune preuve. Quant au témoignage de M. Barjavel, évidemment il repose sur une erreur de date. La note de M. de Blégier, relative à la présence d'un Nicolas

rigé par les jésuites. On le destinait à l'état ecclésiastique.

Il est regrettable que rien ne nous soit parvenu de cette vie d'écolier. Elle nous aurait révélé, sans doute, dans de curieux essais, le génie de ce poète, qui dans la suite a si bien

Saboly sur les registres du collége des jésuites de Carpentras, ne devait pas porter 1638, mais 1628. La date de 1638 est absolument impossible. A cette année, en effet, Saboly, qui avait vingt-quatre ans, n'était certainement plus élève des jésuites. Dès 1635 il avait été appelé au sous-diaconat, au diaconat et à la prêtrise. Il avait alors vingt-un ans. Avant même cette époque, en 1633, il était déjà pourvu du rectorat de la chapellenie de Ste-Marie-Madeleine. En 1639 il était maître de chapelle et organiste de St-Siffrein. Il n'est pas possible d'admettre qu'il ait été élève des jésuites quatre ans après son appel à la prêtrise et six ans après la collation de son bénéfice. En 1638 Saboly n'était donc plus élève des jésuites.

Mais il est certain qu'à la date de 1628, le *Registre de congrégation* du collége de Carpentras porte le nom de Nicolas Saboly. Or, à cette date, Saboly n'avait que quatorze ans. Il n'est pas croyable qu'il ait été admis au titre de congréganiste dès sa première année de collége : il a bien fallu un an ou deux de séjour avant de mériter cet honneur, ce qui porte son entrée au collége de Carpentras à l'âge de

chanté les mystères de Bethléhem (*). Il est à croire que bien des détails touchant cette vie d'élève ont dû être consignés dans les annales du collége ; mais rien ne subsiste, du moins à Carpentras, des souvenirs de cette époque relativement à la première jeunesse du poète. Et c'est en vain que dans ses poésies on chercherait quelque allusion à ces années. Saboly ne nous en dit rien, si ce n'est peut-être qu'il était paresseux à l'école :

douze ou treize ans au plus, c'est-à-dire à l'âge où l'on commençait alors les études de latinité. Nous ne voyons donc pas quelles études il aurait commencées à Avignon.

Quelle probabilité d'ailleurs qu'il soit allé d'abord étudier à Avignon ? Saboly était de Monteux et du diocèse de Carpentras qui était la capitale du Comtat ; il se destinait à l'état ecclésiastique ; n'est-il pas naturel qu'il soit venu à Carpentras même faire ses études de lettres et de théologie ?

(*) M. Mistral se console aisément de cette obscurité qui nous dérobe de précieux détails de la vie de Saboly. Il dit dans la préface aux *Nouvè* : « D'ome coume Saboly, es pas mai besoun de n'en couneisse la vido, que de couneisse aquelo dei roussignòu e dei cigalo. » Il y a là, selon nous, plus de grâce et de poésie que de vérité.

> Vautre caminas coume de limasso,
>   Quand m'en vau en classo
>   Fau toujour ansin. (*)

Les PP. jésuites, quand ils furent expulsés du Comtat, en 1768 (**), durent emporter à Rome tous les documents qui pouvaient intéresser cet établissement. Nous en sommes donc réduits à de simples conjectures.

Mais il paraît certain que, jeune encore, il était, comme on dit, de belle venue et donnait

(*) Noël 55.

(**) Déjà les jésuites avaient été chassés de France par arrêt du Parlement, en date du 6 août 1762. Mais ils étaient demeurés à Avignon et dans le Comtat, sous la protection du gouvernement papal dont ces deux États faisaient partie. En 1768, le roi Louis XV s'étant emparé des deux provinces, le Parlement rendit un nouvel arrêt (30 juin) qui déclarait « exécutoires dans la ville d'Avignon et le Comté Venaissin les arrêts concernant l'institut et la Société se disant de Jésus, et les prêtres et écoliers de ladite société. » L'arrêt fut publié et affiché dans la ville de Carpentras le 11 juillet 1768. [Voir, à la bibliothèque d'Inguimbert, le ms portant ce titre : *Relation de ce qui s'est passé lors de la réunion de la ville d'Avignon et du Comté Venaissin à la couronne de France, en 1768.*]

les meilleures espérances, si j'en crois du moins la faveur dont l'entouraient ses supérieurs, et leur empressement à le pourvoir de bénéfices. Dès l'âge de dix-neuf ans (*), il était nommé recteur de la chapellenie de Ste-Marie-Madeleine, fondée au maître-autel de la cathédrale de St-Siffrein, à Carpentras ; bénéfice dont les revenus étaient assez importants (**).

(*) Sa nomination en 1633 est certaine. Le livre des *Actes du Secrétariat* de l'évêché de Carpentras porte que la rectorerie de Ste-Marie-Madeleine lui a été conférée par Villardi, grand vicaire, le 16 avril 1633, à la démission de Pierre Julliani. Toutefois, dans le *Livre de la masse* du Chapitre, Saboly n'est inscrit comme participant à la distribution des anniversaires qu'un ou deux ans après. Il est possible que pendant les premières années, comme cela se pratiquait souvent, par une condition préalable et consentie, le chanoine Julliani ait continué à percevoir les revenus du bénéfice. Ce qui semblerait le prouver, c'est que, cette année-là, le livre des *Tailles* porte encore le nom de Julliani, tandis qu'en marge on lit : *tulit Saboly.* C'est donc celui-ci qui, cette année, a payé la *taille.*

(**) Voir au Musée-Calvet l'*Inventaire des Archives du diocèse de Carpentras* par le P. Justin. On lit fol. 92 : *Inentarium Capellæ B. Mariæ-Magdalenæ... Bona ipsius sunt unum prædium, 13 jornalium, 2 eminatarum et 10 sensus annuales satis pingues.*

Le 27 septembre 1635, il était appelé au sous-diaconat, au diaconat et à la prêtrise (*).

Quelque temps après, dans le courant de l'année 1639, Saboly était nommé maître de chapelle et organiste de St-Siffrein (**). Enfin,

(*) Ce fait pourra paraître étonnant qu'il ait été appelé à tous les ordres majeurs en une même fois et à un âge si peu avancé; mais il est incontestable : nous avons vu la minute des lettres épiscopales dans les Actes du secrétariat.

(**) Dans le livre de *Comptes* on voit, en effet, qu'il remplace M. Monginet qui exerçait encore ces fonctions pendant le mois de février 1639. Il est certain, au moins, qu'il était organiste pendant les années 1640, 1641, 1642. A ces diverses dates, il figure dans le livre des comptes du chapitre. Ainsi dans le vol. qui comprend les années de 1607 à 1648, à la page 435 v°, on trouve inscrit le traitement fait à Saboly comme maître de chapelle pour l'année 1640. — Fol. 448 v° on lit : « Plus j'ai donné au maître de chapelle M. Saboly cinq écus pour faire la musique le jour de St-Siffrein. » — Fol. 449 v° : « J'ai baillé à M. Saboly, notre maître de chapelle douze écus pour ses gages de l'année de mon administration 1641. » — Fol. 459 v° : « A M. Saboly, à bon compte de ses gages, dix florins. » — Fol. 461 : « A M. Saboly, maître de musique, pour le complément de ses gages, 50 francs (1642). » — A l'année 1643, on lit : « J'ai donné à M. David, maître de chapelle pour ses gages du mois de septembre, octobre, etc... » Saboly n'était donc plus maître de chapelle, à partir de 1643.

en 1643, il quittait Carpentras et partait pour Avignon (*), où il était nommé deuxième bénéficier de la collégiale de St-Pierre dont il fut en même temps le maître de chapelle et l'organiste (**). Il avait vingt-neuf ans.

(18) C'est le 20 juin 1643 que son nom cesse de paraître comme maître de chapelle de St-Siffrein ; mais il a continué à figurer en qualité de bénéficier jusqu'en 1663. Quoique parti pour Avignon, il a pu garder son bénéfice qui n'était pas soumis à la résidence et dont le titulaire pouvait se faire remplacer pour les charges. Ce n'est qu'à cette date de 1663 que la chapellenie de Ste-Marie-Madeleine passe à M. Périer, par résignation de Saboly entre les mains du vice-légat d'Avignon et sans qu'on dise ce que devient Saboly. Il était donc probablement parti pour Avignon. On ne peut pas dire, en effet, qu'il soit resté à Carpeutras jusqu'à la résignation de son bénéfice : la plupart de ses noëls contiennent des allusions historiques relatives à des faits qui ne regardent que la ville d'Avignon et qui se sont passés antérieurement à cette date de 1663. C'est ainsi que les événements politiques de 1652 à 1662 y sont souvent marqués. L'entrée de Louis XIV et d'autres faits importants y sont aussi consignés, qui tous supposent que Saboly était à Avignon bien avant 1663.

(**) Quel était ce *deuxième* bénéfice ? Se confondait-il avec les fonctions de maître de chapelle ? La plupart de ceux qui ont écrit sur Saboly le pensent. Dans une note de M. P.

C'est là, dans les fonctions mêmes qu'il occupait à la collégiale, mais assez tard, que Saboly reçut, en un jour et en des circonstances qu'il ne nous a pas fait connaître, ce souffle et cette inspiration, non pas d'aucune muse profane, mais, semble-t-il, de ce mes-

Achard (édition Seguin, introduction p. xxiv), il est dit que le premier bénéficier était le curé, le deuxième était le maître de chapelle organiste ; et le troisième était la *haute-contre* ou la *basse*, selon le besoin. Cette assertion me paraît contestable. Dans les documents qui mentionnent le titre de maître de chapelle, on distingue toujours de ce dernier titre celui de bénéficier. Ainsi dans l'épitaphe gravée sur son tombeau et recueillie par J.-R. Deveras, on lit :

Saboly prêtre, bénéficier sous-diacre ET *Maître de chapelle.*

Dans le privilège pour l'édition de ses noëls de 1699, on lit : « Nicolas Saboly bénéficier ET maître de chapelle. » De même, les diverses éditions qui ont paru depuis cette époque jusqu'en 1750, portent toutes avec le nom de l'auteur le titre de bénéficier ET de maître de chapelle. Evidemment, il y a là deux titres et deux fonctions bien distinctes. Pour moi, j'incline à penser qu'au titre de son bénéfice était attaché celui de sous-diacre, ainsi que le porte l'épitaphe, afin d'indiquer les fonctions qu'il était obligé de remplir ou de faire remplir, quand les soins de toucher de l'orgue l'occupaient.

sager céleste qui, au-dessus de l'étable de Bethléhem, avait chanté l'hymne joyeux de la paix universelle : *Gloria in excelsis Deo et in terrâ pax hominibus bonæ voluntatis.*

C'est assez tard, ai-je dit, que Saboly commença à écrire. Ses noëls, en effet, par les allusions politiques ou historiques qu'on y rencontre, semblent se rapporter à une période d'années qui commencerait vers 1655 au plus tôt. Il avait donc plus de quarante ans.

Il n'est pas aisé d'expliquer un début si tardif dans un génie si facile. Mais le fait n'est pas rare. La Fontaine, dont la nature était comme pétrie de poésie, avait quarante-trois ans quand il commença à écrire des vers. Ce merveilleux poète ne se serait peut-être révélé que plus tard encore, si la duchesse de Bouillon ne s'était avisée de lui demander des contes en vers. Aurions-nous connu ces fables immortelles, s'il n'eût été prié d'en composer pour Monseigneur le Dauphin?

Des causes analogues suffiraient à nous expliquer ce retard dans les productions poétiques de Saboly. Son talent, en effet, ne s'est véritablement révélé que lorsque des amis sont venus faire appel à son génie. Il a commencé à composer pour un petit nombre d'intimes ces petits poèmes si pleins de verve. Mais la pente de son génie une fois trouvée, et ce fut vite fait, il s'y abandonna avec passion. Du premier coup il fut poète, poète avec sa forme propre et son individualité personnelle, se frayant lui-même sa route et ne paraissant nullement se préoccuper du mouvement de son siècle, auquel, du reste, rien ne semble le rattacher, ni dans le fond ni dans la forme de ses œuvres.

Cependant je note volontiers, en passant, que Saboly vivait et chantait en cet âge d'or de la littérature où fleurissaient La Fontaine, Molière, Racine et tant d'autres. Néanmoins, si l'on veut se rendre un compte exact du genre et du caractère particulier de ses œu-

vres, il faut absolument le séparer et l'isoler
de ce mouvement général que suivaient avec
tant de soin ceux-là mêmes qui, dans cette
marche de leur siècle, ont gardé leur person-
nalité entière, comme La Fontaine et Molière.
Ceux-ci, en effet, et tous les autres avec eux,
n'auraient osé rien produire, sans donner à
leurs œuvres cet esprit et cette forme des lettres grecques et romaines qui étaient regardés
comme la seule perfection possible.

Quant à Saboly, il ignorait ou dédaignait
peut-être ces rouages si parfaits de l'antique
constitution des lettres païennes. Je ne sais même pas si, selon qu'il est de mode chez les
critiques, il serait possible de lui donner des
ancêtres. Assurément, il n'est pas de la race des
troubadours provençaux des siècles précé-
dents. Il a écrit dans le même idiome, mais
évidemmnt il n'a rien appris d'eux. Du reste, il
ne semble pas que Saboly ait été un érudit, ni
un investigateur de manuscrits. Il est une
nature toute franche et d'une seule pièce.

C'est un génie absolument à part : il ne doit rien à personne.

Cependant, il est vrai de le dire, Saboly n'a pas créé ce genre et cette forme de poème qu'on appelle le *Noël*. Il faut remonter jusqu'au IXe siècle pour trouver la vraie origine de ces cantiques en langue vulgaire en l'honneur de la naissance du Sauveur, c'est-à-dire à l'époque où le peuple cessa d'entendre le latin.

Le prieur de Saint-Vast, cité par M. l'abbé Arnaud, chanoine de Poitiers, dans une remarquable dissertation (*), écrivait déjà à la fin du XIIe siècle que c'était un usage ancien et particulier aux Français, la veille de Noël, de charmer les ténèbres de la nuit par l'éclat des lumières et l'harmonie des cantiques :

> Lumine multiplici noctis solatia præstant,
> Moreque Gallorum carmina nocte sonant.

Cet usage se généralisa, à travers les siècles,

(*) D'ORTIGUES. *Dictionnaire de plain-chant*, art. *Noël*, p. 920.

dans tous les pays devenus chrétiens. Se modifiant selon les temps et les peuples, il prit une physionomie propre et comme un goût du terroir où il était accueilli.

Mais c'est en Provence surtout, et dans le Comtat, qu'il revêtit cette forme particulière et éminemment populaire qu'il a conservée jusqu'à nos jours.

Saboly avait donc trouvé le noël, sinon tout à fait établi, du moins bien connu déjà et quelque peu dans les habitudes du peuple au milieu duquel il vivait. Mais il lui était réservé, dit M. l'abbé Arnaud, de l'élever à l'importance et à la popularité des écrits qui ajoutent un ornement à une littérature (*). Aussi ces petits poèmes rustiques et charmants où se jouait la fantaisie de l'auteur, ont excité l'admiration des savants et des philologues, comme ils sont le désespoir de ses imitateurs.

(*) *Dict. de plain-chant*, p. 950.

III

III

Qualités du poète. — Sa naïveté fine et sa joyeuse bonhomie. — Caractère de ses bergers. — Saboly est un pâtre de génie.

Ceux-là s'étonneront peut-être de ce jugement, qui ne font aux œuvres de Saboly que le mérite d'une certaine bonhomie et naïveté du bon vieux temps, dont la façon plaît surtout au peuple et aux esprits vulgaires.

Il y a sans doute beaucoup de bonhomie dans le trait et l'allure de Saboly, mais c'est cette bonhomie fine qu'on ne rencontre que chez les gens d'esprit et dont parle Gresset dans la *Chartreuse* quand il dit :

> Je regrette la bonhomie,
> L'air loyal, l'esprit non pointu
> Et le patois tout ingénu
> Du curé de sa Seigneurie.

Et c'est cette bonhomie surtout qui a donné à ses noëls ce succès de joyeuse popularité qui ne mourra jamais. Tant qu'il y aura un Comtadin, on chantera *Per noun langui lon dòu camin...*, *Un ange a fa la crido...*, et cette strophe d'une douce et naïve complainte :

> Lou pichot plouro,
> Vous fariè pieta, — pecaire !
> Li a mai d'uno ouro
> Que noun a teta, — pecaire (*) !

Sans doute le genre le mieux approprié à sa nature, celui que son génie fécondait avec le plus de liberté et d'abondance, est aussi celui qui emprunte davantage à cette douce naïveté de

---

(*) Noël 51, édit. Seguin. — Nous avertissons ici, une fois pour toutes, que pour les numéros d'ordre des noëls de Saboly, nous renvoyons toujours à la grande édition de M. Seguin. (Avignon 1856.)

la vie simple par excellence, la vie pastorale.
Les personnages qu'il met le plus. volontiers
en scène, sont des bergers ; non pas ces bergers cultivés, lettrés, savants dans l'art d'en-
fler les chalumeaux et de chanter des vers :

> Cur non, Mopse, boni quoniam convenimus ambo,
> Tu calamos inflare leves, ego dicere versus... (*)

ni ceux, parents de Némorin, qui portent chapeaux enrubannés et houlettes enguirlan-
dées de fleurs, écrivant des vers sur l'écorce
des arbres. Les bergers de Saboly sont de
bons gros pàtres, sans finesse et point flattés
du tout. Il est vrai, ils n'en sont pas mieux
bibliques pour cela. Mais enfin ils sont du
pays même de Saboly ou des côteaux envi-
ronnants et ses propres contemporains. Ils
sont tels que la nature les a faits, bons, naïfs,
maladroits, heurtant rudement aux portes,
portant jaquette grise de cadis et besace pleine.
Micoulau en est le type achevé :

(*) Virg. Ecl. V.

> Micoulau noste pastre,
>   Aquèu gros palot,
> Vai countempla leis astre
> Coume fan leis astrolò.

Son allure n'est ni vive ni preste. Sa démarche lourde lesert mal à descendre les côteaux :

> Soun pèd ferra li resquiho,
>   Barrulo dòu coutau,
>   Ai ! s'es gis fa de mau.
>   Se freto un pau lou mourre
> Pièi après se bouto à courre...

Il commet d'insignes maladresses :

> Contre lou rasteliè
> Jitet uno de sei sabato,
> En fasènt lou pèd en arriè.

Quant à son vêtement, Saboly ne l'a pas non plus taillé sur le modèle de celui que portaient les bergers dans la *Mélicerte* de Molière représentée à cette époque. Il est beaucoup plus simple :

> Tous seis abi soun que de telo griso,
> Soun tous trauca, li veson la camiso...

A ceux qui s'offusqueraient de cette bonhomie familière avec laquelle Saboly traitait ces
sujets sacrés, nous donnerons volontiers le
témoignage d'un écrivain peu suspect de
trop de sympathie ni d'indulgence pour
l'Eglise catholique. M. Michelet, appréciant
cette manière de traiter les mystères divins à
une époque plus ancienne, dit : « Il y avait
alors dans l'Eglise un merveilleux génie dramatique, plein de hardiesse et de bonhomie,
souvent empreint d'une puérilité touchante...
Elle (l'Eglise), quelquefois aussi se faisait petite ; la grande, la docte, l'éternelle, bégayait
avec son enfant ; elle lui traduisait l'ineffable
en de puériles légendes (*). »

Dans ces images de la vie et des mœurs
pastorales, où il excelle, Saboly n'a pas toujours ce réalisme qui parfois pousse au gros
rire. Sa poésie est une imitation à la fois sim-

(*) Cité par M. d'Ortigues dans la *Maîtrise*, 3e année,
p. 118.

plé, gracieuse et réelle de la vie champêtre. Il est, dirions-nous, un *pâtre de génie.*

Ce mot que je souligne me rappelle un superbe discours qui n'a pas été prononcé, préparé pour une séance solennelle d'académie qui n'a pas eu lieu. Le récipiendaire, faisant l'éloge de Lamartine, dit de ce poète : « Ne lui demandez pas le bel esprit des poètes citadins; il n'est, comme Virgile qu'un paysan de génie. » Oui, assurément, l'illustre auteur des *Méditations* et des *Harmonies* est un paysan de génie, si on peut le dire de Virgile, pour avoir chanté en des modes savants les dons de Cérès et de Bacchus. Il est un paysan de génie, si on peut le dire de Théocrite, pour avoir enseigné à ses *Moissonneurs* à couper en cadence la gerbe d'or, en modulant une chanson sicilienne.

Quoi qu'il en soit de la justesse de l'expression, nous la retenons au profit de notre poète. Celui-là est bien véritablement un paysan de génie ou plutôt un pâtre de génie, qui s'est inspiré, non pas de l'idéal, mais de la nature. Aussi bien ce n'est pas dans Virgile ou dans Théocrite que Saboly a étudié les secrets et les mœurs de la vie pastorale. Pour savoir ce qu'il nous a dépeint avec tant de grâce et surtout tant de vérité, il n'a eu qu'à consulter les traditions de sa famille, car ses ancêtres étaient de véritables pâtres, qui, pendant plusieurs générations, ont mené paître les troupeaux ; jusqu'à Raymond Saboly, lequel avait acheté des *pasquiers* à Monteux où il était venu s'établir (*).

(*) Dans les actes de l'état-civil conservés à Monteux, on trouve vers 1525 CLAUDE SABOLY, qualifié pâtre, né à Montbrison (Drôme), marié vers 1547 à Marguerite Dany. C'est le bisaïeul de notre poète; — RAYMOND SABOLY, son grand père, qualifié pâtre aussi et marié vers 1568 à Catherine Chinard, de Monteux. Les mêmes actes témoignent que ce Raymond Saboly a résidé dans cette ville avec sa femme, et qu'il y a acheté des *pasquiers* pour ses troupeaux. (Voir *Testament de Nicolas Saboly*, publié par M. Boudin, p. 9, note.)

IV

Son humeur railleuse et satirique. — Allusions historiques.
— *Lei Pevoulin è lei Pessugau.* — Saboly était *Pevoulin.* — La chanson *Loù Reviro-meinage.* — Le vice-
légat Gaspard de Lascaris. — Le Comtat réuni à la
France.

Mais on se tromperait si l'on pensait que la bonhomie toute seule est chez notre poète le fond et la raison de son mérite, et sa seule manière. Saboly a d'autres cordes à sa lyre et cette bonhomie même est singulièrement aiguisée de malice. Presque toujours il a le trait piquant et l'humeur railleuse. C'est en toute occasion qu'il lance ses traits moqueurs, et contre tous, prêtres et gens du monde, nobles et magistrats, riches et pauvres. Quelquefois le ton de sa raillerie est sévère ; mais le plus souvent il se moque joyeusement, comme lorsqu'il s'agit de conduire les femmes à Bethléem. Il ne veut pas absolument qu'il en soit question. Elles retarderaient le départ et entraveraient la marche ; et les bergers qui sont bons drilles n'aiment pas à se faire l'embarras de femmes à conduire :

> Se menen nostei feno
> Partiren pas tan lèu.
> Dison que qu n'en meno
> N'es pas jamai sèns peno,
> Fan vira lou cervèu.

Le pâtre *Guihaume* n'est pas mieux complaisant. Il dit à sa fille de la façon la plus raide : « Istas à l'oustau !... » et lui trace tout un programme d'occupations diverses pour le temps que durera son absence. La femme est traitée comme la fille. Elle se désole parce qu'on a la cruanté de la laisser à la maison.

Les sanglots l'étouffent ; elle pleure toutes ses larmes, et quelles larmes !

> Se vesias sa femo,
> Gounflo comme un biòu,
> Gito de lagremo
> Grosso coume d'iòu.

Mais rien ne peut toucher Guilhaume. Elle restera au logis, ainsi que sa fille, et gardera le troupeau.

Toutefois, en raison du milieu dans lequel vivait Saboly, autant que par la pente de sa nature, et aussi peut-être à cause de certaines déceptions auxquelles s'était heurtée son ambition de bénéficier, son humeur railleuse et maligne s'exerçait de préférence contre les nobles et les vice-légats. Quand il se laisse aller ainsi à ces petites vengeances poétiques, le noël prend alors les allures et le caractère de la satire. Il a une manière fort originale et extrêmement piquante de se moquer de ceux qu'il veut ainsi livrer à la risée et au mépris publics ; il en fait des suppôts du Diable ou

même de vrais diables de l'enfer. C'est son
excuse ensuite pour frapper sur eux à tour de
bras.

C'est ainsi qu'il faut apprécier certains noëls
où le Diable est en scène. A travers le voile
de ces métaphores beaucoup trop hardies,
il est facile d'entrevoir une allusion personnelle à tel magistrat ou à tel haut personnage.

Mais nul, autant que le vice-légat Gaspard
de Lascaris, n'a été l'objet de ces sortes d'espiè-
gleries qui dépassaient souvent cette permission de tout oser accordée aux poètes. Ces
petits excès de malice laissent facilement entrevoir qu'il y avait dans l'intention un peu
plus qu'une boutade ou une simple espièglerie
de poète. Ils pourraient peut-être s'expliquer
par certains motifs dont Saboly se garde bien
de nous donner le secret.

Il paraît certain que le bénéficier de St-
Pierre n'était pas sans ambition. Il y a, à ce
sujet, de petites anecdotes fort amusantes,

racontées en fort jolis vers (*). Sans doute
ces récits n'offrent rien de bien authenti-
que ; mais, ayant été conservés par la tradition, ils laissent du moins à supposer que Saboly était connu pour ne point dédaigner de
briguer les faveurs ecclésiastiques. Il eut de
nombreuses déceptions qui finirent par l'irri-
ter ; et, l'indignation faisant le vers, il chan-
sonna le vice-légat sous la forme ingénieuse
et l'excuse du noël. Et pour le faire avec liberté, selon la plus originale de ses manières, il
l'affublait parfois de la peau du Diable. Cette
malicieuse substitution une fois faite, il est
clair qu'il est permis de tout dire et de tout
faire à Satan. On peut se moquer de lui et le
dire tout haut :

> Ai proun counegu
> Toun jò, ta malice
> E teis artifice,
> Traite banaru,
> Me moque de tu !

(*) Voir *Lou Soupa de Saboly*, par M. A. Boudin. —
Voir aussi, dans l'*Echo de Vaucluse*, du 25 avril 1841, un
art. de M. P. Achard.   3*

Son visage fait peur, sa voix épouvante;
il est avare et fait la fausse monnaie :

> Tu fas de pistolo
> Que noun valon rèn
> Qu'a troumpa lei gènt;
> As la man avaro...
> Fuge-t'en toutaro (*).

Le vice-légat avait introduit dans le Comtat
la monnaie avilie du patar, afin, disait-on
alors, de faire entrer dans ses trésors, par
une spéculation odieuse, tout l'or et tout l'ar-
gent du pays. Mais, hâtons-nous de le dire,

(*) Noël 13. — Ce noël, qui a été publié du vivant de
l'auteur, mais seulement en 1669, paraît remonter à l'année 1663. C'est à cette année, en effet, Gaspard de Lascaris étant vice-légat et le siége épiscopal de Carpentras étant
vacant, que Saboly cessa d'émarger au budget du Chapitre
de cette ville. A partir de cette époque, il ne possède plus
le bénéfice de Ste-Marie-Madeleine. Il est probable que
sachanson *Lou Reviro-meinage*, composée à l'occasion des
démêlés du gouvernement papal avec la France, lui avait
valu cette perte; et ce noël est évidemment une petite
vengeance du bénéficier.

toutes ces tracasseries ne sauraient atteindre la mémoire de Mgr Gaspard de Lascaris qui fut un administrateur de haute portée et, avant tout, un homme d'honneur.

Il y avait, à cette époque, comme un souffle révolutionnaire qui agitait tous les esprits dans les Etats d'Avignon et du Comtat. On eût volontiers secoué le régime si paternel du Pape pour se donner au royaume de France. Cet état politique avait été amené par les troubles qui, de 1652 à 1662, agitèrent ces deux provinces. Nous voulons parler de ce qu'on est convenu d'appeler la *Fronde avignonaise* ou la lutte *dei Pevoulin è dei Pessugau* (*).

Saboly y fait de fréquentes allusions, et l'on voit que lui-même incline volontiers du côté du peuple dont il a les tendances et parfois les rancunes. Disons le mot : Saboly était *Pévou-*

(*) Les *Pouilleux* et les *Pinceurs*, c'est-à-dire les prolétaires et les nobles.

lin, C'est pourquoi il ne faut pas trop s'étonner de le voir, dans l'occasion, lancer ses
traits contre les riches et les nobles. Du reste
il ne dissimulait pas sa pensée, et c'est à peine
s'il se déguise un peu quand il chante ironi-
quement :

> La noubleso
> Bèn apresso
> Vòu pas gis de councussioun.

Même quand il fait grand éloge du vice-légat,
ou lorsqu'il décrit en vers joyeux les mani-
festations des fêtes pontificales, il est facile de
voir qu'il tient encore aux préjugés et même
aux caprices de la foule.

Il faudrait bien connaitre les troubles de
cette époque et la part que Saboly a dû y
prendre, pour se rendre un compte exact du
caractère d'une partie de ses œuvres et d'un
certain courant de sa verve poétique.

Cette sédition populaire dura plus de dix
ans et finalement aboutit à l'occupation des

Etats d'Avignon par le Roi de France (*). Dans les premières années, il est vrai, ce fut une lutte purement sociale, dans laquelle les intérêts du pays paraissaient être les seuls mobiles qui entrainaient les partis, De part et d'autre il y eu des hommes honorables qui encouragèrent cette lutte ou voulurent la soutenir activement. On vit même, dans le principe, des vice-légats protéger le parti populaire et des hommes, portant un grand nom, se faire les chefs avoués des *Pévoulin*. Mais ces conditions qui légitimaient en quelque sorte l'attude des deux camps ne durèrent pas longtemps ; et, comme il arrive toujours, la foule ne se contenant pas dans la limite de ses droits, se porta vite aux excès et aurait fini par

(*) C'est le 30 septembre 1662 que Buscat, l'exempt des gardes, par ordre de Louis XIV, s'empara de la ville d'Avignon. Mais l'arrêt du Parlement d'Aix portant réunion des Etats d'Avignon et du Comtat à la France, ne fut rendu que le 26 juillet 1663, et la prise de possession au nom du Roi, deux jours après, le 28 du même mois.

compromettre le noble caractère de ceux qui étaient à la tête, si, mieux avisés, ceux-ci ne s'étaient retirés à temps d'un conflit qui allait à la guerre civile et finit par une révolte contre l'autorité du gouvernement pontifical.

Les sujets de mécontentement et de plainte étaient partout. D'abord les droits de frontière exhorbitants, prélevés par le gouvernement français; puis la présence des Italiens formant la milice avignonaise et le froissement que leur contact amenait chaque jour, fournissaient en toute occasion des prétextes à des séditions et souvent à des rixes sanglantes; jusqu'au jour où, pour une question d'étiquette nationale, mais en réalité afin de mettre à profit ces divisions intestines, le gouvernement français manifesta l'intention de mettre la main sur les États d'Avignon et du Comtat pour les réunir au royaume. De ce moment la lutte devint politique. On appela de tous ses vœux le jour où l'on serait sujet du Roi.

Il faut lire dans Fornéry l'histoire de ces

évènements pour croire à ces folies populaires. Rien ne saurait donner une idée de la joie
de la foule, lorsque commença à se répandre
la nouvelle d'une occupation possible. Et
quand l'un des consuls, parti pour Aix, écrivit de là que « probablement Avignon allait
être au Roi pour toujours, » l'allégresse fut au
comble ; les cris de *Vive le Roi !* retentirent de
tout côté ; les armes du vice-légat furent ar-
rachées et celles du Roi mises à la place, au
milieu d'un délire universel (*).

Tel était le milieu dans lequel se mouvait la
vie de notre poète et nous savons combien sa
nature et ses déceptions personnelles l'entrainaient dans le courant de ces idées. Ses travaux en portent une vive empreinte. Au point
de vue de l'art, il ne faudrait peut-être pas
trop s'en plaindre, car le poète y a trouvé
une source, un peu troublée quelquefois, mais

(*) Ms FORNÉRY, *Histoire civile du Comté Venaissin*,
p. 442 et suiv.

qui contribua, pour une bonne part, à féconder son génie et à donner à sa manière un tour absolument original.

C'est à cette époque d'agitation et de trouble, et à l'occasion des évènements que nous venons d'indiquer, que Saboly composa sa chanson *Lou Reviro-meinage*, dont il est nécessaire de dire un mot. Outre qu'on y rencontre toutes les tendances et tout l'esprit de notre poète, cet examen nous permettra de compléter les détails des faits historiques dont l'influence a été si considérable sur son talent.

Le *Reviro-meinage* est une satire dirigée contre le gouvernement papal et personnellement contre le vice-légat Gaspard de Lascaris. Plus que jamais Saboly s'y montre partisan passionné du gouvernement français. Quant au vice-légat, il le représente sous les couleurs les plus odieuses d'homme avare et de concussionnaire.

Mgr Gaspard de Lascaris présente, en vérité, une autre physionomie. Fornéry, qui n'a pas le parti pris de louer les représentants du Pape et le gouvernement de Rome, ne peut cependant s'empêcher de rendre hommage à la loyauté de cet homme, à sa fermeté et à sa fidélité inébranlable pour son souverain. Aux intimations plus que hautaines du premier président M. d'Oppède, envoyé par la cour d'Aix pour prendre possession d'Avignon (*), le vice-légat proteste qu'il ne cèdera qu'après avoir reçu vingt coups de hallebarde. Déjà, au duc de Mercœur, gouverneur de Provence, venu pour lui intimer l'ordre de suspendre sa juridiction, il avait répondu : « Je n'obéis qu'au Pape et le Pape à Dieu (*). » Gaspard de Lascaris est tout

(*) Le 28 juillet 1663.
(**) Le 24 octobre 1662. A partir de cette époque le vice-légat ne fut plus traité avec les égards dus à sa dignité. Le Conseil tenu le 17 décembre, après une longue délibération, décida de ne plus lui faire les présents de la Noël qui consistaient « en douze paires de perdrix, autant de lapins, de chapons et de boîtes de confiture et en cent écus blancs dans une bourse. » FORNÉRY, *Hist. civ. du Comté Ven.* p. 446.

entier dans cette sublime réponse (*).

Mais Saboly ne l'a pas jugé comme l'histoire. Selon son dire, il faut attribuer à son avarice cette fermeté. Les notaires et les avocats, consultés par lui en cette difficile conjoncture, lui font entendre que si le Roi veut la place « il devra la payer. » Ce mot relève son courage :

> N'a pas agu parla d'argènt
> Que Gaspar a pres grand courage ;
> E quand n'aurié que sei sargènt,
> A dis que voulié faire rage.

Il se moque impitoyablement de tous les magistrats et gens d'armes du gouvernement. Seul, Rospigliosi (**) a trouvé grâce devant lui :

> Enfin n'i avié que vous de bon.

(*) Mgr de Lascaris fut recompensé de cette noble attitude. Il fut pourvu par Alexandre VII de l'évêché de Carpentras. Ses bulles sont du 28 octobre 1665.

(**) Cette réserve élogieuse pour Rospigliosi s'explique par la faveur très-signalée et très-flatteuse dont il fut l'objet

Au moment même où les serviteurs du Pape sont obligés de prendre la fuite, il ne se sent pas de joie de pouvoir leur décocher quelques traits aigus qui allaient à atteindre leur probité même :

> Vese bèn proun courre de gènt :
> Sçay pas quau pagara la courso ;
> Nostro villo a proun bono bourso,
> *Mai save pas si li a d'argènt.*

A cette distance des évènements où nous sommes aujourd'hui, français de cœur et d'âme, nous nous sentons portés à juger avec faveur cette passion de Saboly pour la France. Mais, il faut l'avouer, cette passion l'emportait trop loin et le faisait être injuste à l'égard de la cour de Rome. Tout au moins, est-il

de la part de Louis XIV. Le Roi, à sa requête, permit qu'on abattît la pyramide élevée à l'occasion de la prétendue insulte faite au duc de Créqui, ambassadeur de France auprès du Pape Alexandre VII. C'est ce même Jules Rospigliosi qui fut élu pape sous le nom de Clément IX et succéda à Alexandre VII le 20 juin 1667.

surprenant de voir un prêtre désireux de secouer le joug du gouvernement papal, à ce point que de perdre le sentiment du respect envers le Souverain-Pontife.

Cette auguste personne ne lui fut pas toujours sacrée. En ce qui regarde les évènements auxquels nous faisons allusion, Saboly représente le Pape (*) comme un souverain aveugle ou qui ne veut rien voir des choses de son gouvernement et laisse en paix ses ministres opprimer le *pauvre peuple*, comme on dirait aujourd'hui. Il affirme cela avec cet air irrespectueux de moquerie vulgaire qui ne saurait convenir à un prêtre moins qu'à personne.

> Per nostre San-Pèro lou Papo,
> Es amaga dessout sa capo
> E sçau rèn de ce que se fai.

Il va plus loin et ne craint pas de dire que le gouvernement pontifical, lorsqu'il nomme aux

(*) Alexandre VII.

fonctions de la magistrature, recommande de
ne pas oublier les concussions, les voleries,
les simonies,

Vous en dounèn l'absoulutioun.

Tout le monde connaît cette malheureuse af-
faire suscitée par la fierté du duc de Créqui à
Rome. On sait avec quelle hauteur cet ambassadeur du Roi de France traita les gens de la
cour romaine et le pape lui-même ; néanmoins
Saboly n'hésite pas à faire de ce personnage
et de quelques autres des victimes du despo-
tisme papal :

Si per dire nostei resoun,
Mandèn d'embassadour à Roumo,
Senso dire ni que ni coumo,
Vou lei bouton tous en presoun.

Maintenant, si nous voulions chercher la
vraie cause de cet enthousiasme pour une
nation qui n'est pas encore la patrie, peut-être
faudrait-il y voir autre chose qu'un beau pa-

triotisme de la veille. Nous l'avons dit, les me-
nus propos et les souvenirs que la tradition a
portés jusqu'à nous, font assez entendre que
notre bénéfier n'était pas sans un peu d'ambition ; et, paraît-il, il avait peu à se louer de
l'empressement que le vice-légat mettait à
écouter ses requêtes et à lui prodiguer des
faveurs.

Mais il est une autre raison qui explique,
à certains égards, ce zèle passionné de Saboly
pour la France. Celle-ci, il faut la chercher
dans sa nature d'homme, de poète et de comtadin.

Saboly fait ici ce que fait d'ordinaire tout
sujet soumis à un régime trop bon et trop paternel, qui s'en dégoûte en raison même de
cette bonté, et veut absolument un roi qui le
fustige, et, s'il est besoin, le mène aux car-
rières. C'est l'éternelle histoire des *grenouilles*.
Notre poète y vient à son tour :

> Iéu vous dirai bèn, en passant,
> Que si voulen chanja de mèstre,
> Lou deven chòusi bèn puissant.

Il est vrai que le poète inclinait volontiers à la satire. Son esprit l'y portait naturellement. La satire pousse dans ses noëls comme une plante dans sa terre native (*).

Ajoutons qu'il était éminemment comtadin, c'est-à-dire remuant, inconstant, mécontent.

(*) Outre *Lou Reviro-meinage*, la tradition nous a conservé le souvenir de plusieurs autres traits pleins de malice où l'esprit de Saboly se trouve tout entier. Tel est le vaudeville contre un certain M. Cadenières que ses longs et vains efforts pour obtenir la particule nobiliaire avait rendu ridicule. Tout le monde connaît

Noste paure cat
Cadeniero
Qu'a de niero...

Il y a aussi une petite pièce très-mordante dont on est convenu de faire honneur à Saboly. C'est une épigramme en façon de rondeau dirigée contre un pauvre ecclésiastique de Mazan, d'une intelligence très-bornée, qui a porté toute sa vie le surnom d'*abbé Bibasso*. Durant ses premières études de latinité, ayant un jour à conjuguer en classe le verbe *Bibere*, le jeune élève alla bon train jusqu'au *présent du subjonctif*, qu'il récita ainsi : *bibam, que je bibasse; bibas, que tu bibasses...* Il fut arrêté là tout court par les éclats de rire de ses condisciples, et le surnom de BIBASSO lui fut unanimement octroyé par la gent écolière toujours sans

Il embrasse tour à tour, avec une égale passion, les causes les plus diverses et quelquefois les plus opposées. Il aime les médisances et les petites discordes.

Le comte de Modène a décrit admirablement ce caractère du comtadin dans *Le pays d'Adioussias* (*). Il dit :

> Dans les hameaux les plus petits
> On voit trois ou quatre partis

pitié. Mais ce fut le moindre de ses malheurs, car Saboly, ayant appris le fait, l'envoie à *Betelèn* en lui décochant ce trait :

> Abè Bibasso
> Vai-t'en en Betelèn
> Emé ta biasso
> Cargado de presènt.
> Quand l'ase te veira,
> Tout espaime creira
> Que vas prendre sa plaço,
> E te reguignara,
> Abè Bibasso.

(*) *Supplément aux diverses éditions des OEuvres de Molière*, publié par **M.** Fortia d'Urban. Cet ouvrage est très-rare ; il en existe un exemplaire à la bibliothèque d'Inguimbert.

Qui vivent en anthropophages.

. . . .

On y découpe en Sarrasin
Et la voisine et le voisin.
La médisance y tient boutique ;
Chacun s'y trouve critiqué.

Tel était un peu le caractère de Saboly. Ce qui explique qu'il ait si souvent, dans ses noëls, aux sujets sacrés mêlé ses petites rancun es et les traits mordants de la satire.

Cependant, nous serions injuste en n'avouant pas que cette composition est pleine de verve et de saillies de bon aloi. Nous voudrions encore, s'il était possible, excuse r ou du moins expliquer cet accent de malice qui est la note principale de cette chanson. Il est vrai, le vice-légat Gaspard de Lascaris avait quelquefois de la fermeté jusqu'à la raideur et poussait le sentiment de sa dignité jusqu'à une fierté rude. Et ce n'était pas seulement parmi le peuple que se manifestait cet instinct de révolte et d'indiscipline ; les familles nobles y participaient et les gentils-hommes donnèrent à cet égard de bien fâcheux exemples (*).

Il importait de savoir ces choses pour bien comprendre que Saboly ait pu traiter un certain ordre d'idées inexplicables sans ces données de l'histoire. Mais avec ces notions, il n'y a plus d'énigme. Cette sympathie pour le gouvernement de la France, dont on rencontre partout des traces dans les noëls, s'explique

(*) Parmi eux se distingua le marquis de Venasque, qui eut à subir les sévérités du vice-légat et les rigueurs peut-être excessives de la justice. — C'est avec ces données qu'il faut lire le *Factum pour le monsieur le marquis de Vénasque*. L'auteur intitule ainsi une sorte de mémoire-pamphlet, dans lequel, pour la justification de M. de Venasque, il prodigue les injures contre Gaspard de Lascaris : « Sous le gouvernement duquel, dit le *Factum*, tout l'Etat « Venaissin a été si extraordinairement oppressé, qu'après « avoir souffert trois ans les excessives concussions de son « ministère, le peuple qui l'habite, pressé de la misère dans « laquelle il l'a réduit, a eté forcé d'implorer la protection « du plus chrétien de tous les monarques, pour en avoir « soulagement. »—Voir ce *Factum*, sans nom d'auteur, ni d'imprimeur et sans date. L'exemplaire peut-être unique qui existe, est conservé à la bibliothèque d'Inguimbert.

aisément ; et telle locution qui embarrassait le lecteur, telle allusion qui paraissait obscure se devinent sans peine.

V

V

Le Diable moqué et battu, pensée conforme à l'idée de la
Rédemption. — *Auprés d'aquel estable.* — *Un ange
dòu Cèu es vengu.* — La Mort confondue. — *Li a quaucarèn que m'a fa pòu.*

Quel que soit, au point de vue de l'art, le
mérite de ces diverses pièces, dans lesquelles
les attaques et les allusions personnelles sont
le principal élément de composition, quelques-
unes nous paraissent dépasser le but et sont
peut-être à regretter. Mais, où le poète doit être
loué et admiré sans réserve, c'est lorsqu'il
lance ses traits contre cet ennemi du genre
humain dont l'Enfant de la Crèche est venu

détruire l'empire. Et, à vrai dire, Saboly le fait avec une verve et un entrain réjouissants. Personne ne s'est moqué plus agréablement du Diable qu'il ne l'a fait dans un bon nombre de ses noëls.

Dans ce sujet qui revient si souvent, il ne faudrait pas cependant voir seulement une joyeuse boutade d'esprit. Le poète, en mettant ainsi le Diable en scène ; en le jetant tout vivant et, pour ainsi dire, corps et âme en pâture à la raillerie, à la colère et aux coups de gaule de ses bergers, ne fait qu'exprimer, d'une façon fort originale, la pensée même de la Rédemption.

Depuis la faute originelle, Satan avec son cortège de diables, avait envahi toute la terre et avait soufflé partout le paganisme qui est la vraie forme de son culte. La loi ancienne, à cause de son infirmité, n'avait pu, par elle-même, mettre à l'abri de ses atteintes le peuple choisi. Mais un jour devait venir, jour de promesse et de longue attente, où la force de

Satan serait anéantie et la puissance de la Mort confondue, c'est le jour de l'avènement du Fils de Dieu sur la terre. Ce jour-là l'enfer dut tressaillir d'épouvante, car son empire était éternellement détruit.

C'est cette pensée toute conforme aux écritures et à l'idée de la Rédemption que Saboly expose et traduit à sa manière, la célébrant par des couplets joyeux, railleurs, populaires, que tous, jeunes gens, enfants, hommes faits, lorsque la fête anniversaire est arrivée, nous chantons au milieu des éclats de la joie de la famille, autour de l'âtre où brûle la bûche traditionnelle de Noël. Satan en prend la rage, mais il est impuissant ; il n'est plus qu'un affreux banqueroutier qu'on a jeté aux fers. En voici la nouvelle toute fraîche.

> Per leis infer
> Li a de paurei nouvello :
> Lou trafi se perd;
> Deja Satan e Lucifer,
> An pres lou bounet verd ;
> Fan quinquinello (*) !

(*) Noël 58.

Quelle bonne et réjouissante ironie ! On se sent l'âme satisfaite à chanter ces vers ravissants de bonne humeur et de raillerie gauloise. N'est-t-il pas curieux de voir Satan et Lucifer jetés aux galères et affublés du bonnet vert comme de vrais banqueroutiers qu'ils sont ? La strophe marche peut-être en cahotant avec ses vers de quatre, cinq, six, huit, neuf, dix et onze pieds. Mais cela même semble ajouter quelque chose à cet air de moquerie qui est partout dans ce noël. On dirait une troupe d'enfants allègres et lutins, marchant à cloche-pied et narguant un pauvre diable d'homme, gueux, boiteux, mauvais sujet, qui ne peut se défendre contre cet essaim d'enfants terribles.

C'est, du reste, partout cet accent de raillerie tapageuse, lorsqu'il s'agit du Diable. Ailleurs il faut entendre encore les bergers lui jetant avec un pied de nez ces notes moqueuses : *fa, fa, fa, sol, la, mi, la*..., tandis qu'un de la troupe, en de sonores couplets,

chante le portrait même du Diable. On peut
en croire ce coryphée de la bande qui, l'ayant
rencontré, l'a vu de ses propres yeux :

> Ai rescountra lou Diable,
> L'ai proun bèn counegu :
> Avié, coume uno cabro,
> De bano sus lou su,
> Fa, fa, fa, sol, la mi, la...
> ....
> Avié la testo plato,
> E lou mourre pounchu.
> Leis auriho d'un ase,
> E lou còu d'un pendu.
> Fa, fa, fa, etc.

Poussé à bout le vilain Satan déploie ses
ailes et ses griffes et bondit sur le malheureux pâtre. Mais un ange apparaît soudain qui
le saisit et le fait rentrer sous terre :

> Un ange a pareigu,
> Que l'a pres pèr lei bano
> E l'a mes en tafu (*).

(*) Noël 48.

Et la bande joyeuse de répéter : *fa fa fa sol, la, mi la*, etc.

Dans un autre noël, très-remarquable de mouvement, de vivacité et d'harmonie, le gros Serpent est poursuivi à outrance par les pâtres qui finissent, « avec l'aide du bon Dieu », par le mettre en pièces.

Veici veni lou gros Serpènt
Vers l'estable de Betelèn
Per troubla nosto festo
Pastre, descendès eiçavau
Dounèn sus aquest animau,
Jouguèn-li de soun resto
Aro es lou tèms ou jamai noun,
Que li fau douna d'un bastoun
E zòu ! zòu ! zòu !
Patati ! patatòu !
Esclapèn-li la testo.

Eiçò's aquéu vilén Satan
Qu'embrenè la raço d'Adam
De la plus fino rougno
. . . .
E zòu ! zòu ! zòu !
Patati ! patatòu !
Fèn-li milo boudougno.

> Despièi mai de quatre milo an
> Es altera de noste sang
> E chasque jour s'en lipo
> ....
> E zòu ! zòu ! zòu !
> Patati ! patatòu !
> Derrabèn-li lei tripo.

Ne semble-t-il pas qu'on entend les coups de gaule qui tombent drus et retentissants sur le dos de ce pauvre Satan ?

Ainsi meurtri de coups et voyant qu'il ne gagne rien à montrer l'horreur de sa face, le voici, cette fois, qui se transforme; et, au premier qu'il rencontre, il affirme qu'il est le gagne-petit de l'endroit, le traître ! Il tient boutique près de l'étable de Bethléhem; il fournit des armes de guerre pour servir à dépeupler le monde ; il donne aux détrousseurs de grand chemin des couteaux de sa fabrique, et quand il les aiguise sa meule « vole et vole !» Mais voici le bon saint Joseph qui, cette fois, rompant la paix avec son caractère, se rue sur la boutique « de cet infernal » et la renverse :

> Eu sauto la rigolo,
> E volo è volo !
> Fai roula lei molo
> Dòu gagno-petit.

Et tout cela est accompagné de ce cri aigu et moqueur : *E zi, zi, zi*, qui simule le frotte-ment de l'acier sur la meule.

Comme la pensée, à travers ce badinage, est bien tout entière dans notre foi et dans l'économie de notre christianisme !

Et non seulement le Diable est chassée et sa puissance réduite à néant ; mais la Mort aussi est vaincue par cet Enfant qui est « le Roi de gloire. »

> Mai l'Enfant Jésu, lou Rèi de' glori,
> Per moustra pertout que manquo pas de cor,
> Se bat gaiardamen contro la Mort,
> E, comme lou plus fort,
> A la vitori.

C'est faute d'avoir pénétré ce sens profond de la foi chrétienne qu'un publiciste de mérite et un provençal, M. Charles Soullier, a paru s'offusquer de cet ordre d'idées et de cette manière originale de mettre en scène le Diable de l'enfer. Au sujet du noël 35 : *San Jòusè m'a dit...*, il écrit dans la *Chronique musicale* (*) : « Les paroles provençales de ce noël sont si défectueuses et si biscornues que nous n'osons pas les traduire complètement. » Le profane ! En homme parfait du monde et de la belle littérature, il a peur du Diable et ne veut pas qu'on en parle. Il ne traduira donc pas « complètement » ce noël, dit-il. La vérité est qu'il ne le traduit pas du tout. Mais, à la place de cette pièce si originale, si pleine de verve et point défectueuse, il propose une chanson-complainte d'un goût plus

(*) *Chronique musicale*, première année, 15 octobre 1873.

que douteux (*). Nous reviendrons sur cette façon de *traduire* Saboly.

———

(*) Dans cette façon de complainte, on peut lire la strophe suivante :

> Il t' faudra demain,
>> Seul' ressource
>> De ta bourse,
> Il t' faudra demain
> Arrêter sur l' grand chemin
>> O Diable
>> Effroyable !
> Mon fils a d' l'honneur
> Et n' veut pas d'un pèr'voleur.

Voilà ce que M. Ch. Soullier appelle traduire, *quoique d'une façon incomplète*, le noël de Saboly.

VI

VI.

Bien que la louange n'aille pas à sa trempe
d'esprit et qu'il y préfère la satire, Saboly s'y
laisse pourtant aller quelquefois avec sa joyeu-
seté ordinaire. Je donnerai ici quelques traits
se rapportant à ce genre, afin d'indiquer une
forme nouvelle ou plutôt une simple nuance
de son talent.

Le 6 septembre 1667, on célébrait à Avignon l'exaltation du pape Clément IX ; de ce même Jules Rospigliosi duquel il avait dit dans sa chanson *Lou Reviro-meinage* :

Enfin n'i avié que vous de bon.

Les fêtes furent splendides. Un superbe feu d'artifice, dont il existe une description publiée à cette époque, représentait, comme bouquet final, le temple de la Clémence éblouissant de lumière. C'est en souvenir de cette fête que Saboly, aux approches de *Calendo* suivantes, composa le noël *Ça menen rejouissènço*. C'est un hymne à la louange du Pape, auquel il fait tout l'honneur de la paix rétablie. Et, jouant gracieusement sur le nom de Clément que le Souverain-Pontife avait pris, il dit :

Se sian foro la misèro
Grand Diéu ! lou devèn qu'à vous ;
Avès fa noste San-Pèro
Sage, bon, *Clément* e dous ;
Que na ni fèu ni coulèro
E que n'es pas rigourous.

Il affirme sur « témoignages » que ce Pontife traitera avec bonté les villes et les villages de tout le Comtat. C'était une manière respectueuse et délicate de demander au Saint-Père le pardon pour tous ceux qui avaient pris part aux évènements politiques des dernières années.

Dans l'inondation qui arriva en 1674, le vice-légat d'Anguisciola et Mgr Libelli (*) archevêque d'Avignon se montrèrent admirables de dévoûment et de courage, allant partout à travers les rues pour porter aux inondés tous les secours que leur situation réclamait. Saboly cite avec éloge cette conduite :

(*) Charles d'Anguisciola, vice-légat de 1670 à 1676 était référendaire de l'une et l'autre signature de N. S. P. le Pape. — Hyacinthe Libelli, religieux de l'ordre de St-Dominique, fut nommé, vers la fin de 1672, archevêque d'Avignon par le Pape Clément X. Ce fut de son temps que le même Souverain-Pontife permit aux chanoines de porter pendant toute l'année le rochet avec la *cappa* rouge dont ils ne se servaient auparavant que pendant l'hiver. (Ms de la bibliothèque d'Inguimbert).

Cènt millo pistolo
Pourrièn pas paga
Moussu d'Anguissolo
Lou vice-legat.
Vai de porto en porto
Pèr nous secouri
Lei gènt de la sorto,
Dèvon pas mouri (*)...

Moussu de Libello,
Qu'es noste Pastour,
Nous mostro soun zèlo,
Soun cor, soun amour ;
Sei pàureis ouvaio
Lou veson fort bèn,
Alor que travaio,
E lorsque li baio
Soun or, soun argènt.

Mais c'est surtout Lomellini (**) qui est l'objet préféré ses louanges. Son nom revient fréquemment dans les noëls :

(*) Noël 57.

(**) Lomellini, vice-légat de 1665 à 1670.

> Mai de tout n'en fau douna la glori
> E l'ounour à moussu Loumelin.
> Fau qu'Avignoun celèbre sa memori,
> Jusqu'a tant que lou mounde age fin (*).

Cependant, avant Lomellini, on ne voit pas que Saboly ait fait nulle part l'éloge des vice-légats, mais il lui arrive souvent de blâmer le gouvernement du Pape et les magistrats qui le représentaient. Comment tout d'un coup le ton et le trait s'adoucissent-ils jusqu'à la louange exagérée ? Nous pensons que le bénéficier avait fini par se raviser, voyant que les petites tracasseries du poète le servaient assez mal. En effet, à partir d'une certaine époque qu'il serait facile de déterminer, les allusions aux personnes et aux choses du gouvernement vont toujours à la louange sans réserve.

Toutefois il convient de dire que ce n'est pas seulement pour le besoin de la louange

(*) Noël 24.

ou même de la satire que Saboly a recours aux allusions dans les noëls. Le poète aimait à s'occuper des choses de son pays et de son temps. Tous les évènements considérables sont notés ; tous les personnages marquants ont leur portrait. Il y a tout une pièce pour célébrer l'entrée de Louis XIV dans Avignon, en 1660, que Saboly appelle déjà *notre* Roi.

> Quand *noste* Rei Louis
> Venguèt en aquest païs...

Le traité de paix avec l'Espagne, les préparatifs de guerre contre la Hollande , les divisions intestines, les désastres, tous les faits importants ont une place, un souvenir, une allusion. Mais parmi les évènements historiques, ceux-là le préoccupent surtout qui sont de son temps et de son pays.

L'amour de la patrie, du sol natal est une vraie passion dans l'âme de Saboly. C'est une fibre puissante qui, en toute occasion, fait battre vivement son cœur et lui fait ramener toutes choses à son pays et au terroir d'Avignon. Les bergers eux-mêmes, ainsi que nous l'avons dit, sont tous du Comtat, ayant les mœurs et les habitudes du pays.

Ceci nous amène à faire une remarque essentielle. On se tromperait absolument si l'on pensait trouver dans Saboly cette science si diversement appréciée, mais cependant toujours recherchée de la couleur locale, qui décrit au plus juste la vérité des lieux, observe scrupuleusement les circonstances de temps, tient compte des mœurs et des usages et vous reporte dans les régions et aux époques où la scène se passe.

Quant à Saboly, c'est comme un parti pris de ne pas se soucier de ces délicatesses de l'art. Ce système est peut-être la plus originale de ses manières. Saboly est absolument de son temps et de son pays. Et c'est une des choses qui ont contribué le plus à fonder sa popularité.

Ainsi Bethléhem n'est jamais bien loin d'Avignon. C'est dans le terroir même qu'on le trouve :

> Quittas vostei mòutoun, leissas vosteis araire ;
> Lou Fièu de Dièu es nat eici dins lou terraire.

Il n'y a que le côteau à franchir et l'on y est :

> Laisso lou bestiau,
> Micoulau ;
> Davalo lou coutau.

On charme la route par les chansons et le son du tambourin provençal :

> Sus lou fifre e lou tambourin
> Disen la cansouneto.

Et le temps ne dure pas. Au bout d'un peu de chemin on arrive à la *granjeto*.

La Crèche est quelquefois dans Avignon même :

> L'enfant Jèsu tant bèu, tant amirable,
> Lou troubarés eici dins Avignoun.

C'est un usage dans le Comtat et dans toute

la Provence, d'établir dans chaque église, pour le temps de Noël, une image de la Crèche de Bethléhem. Evidemment c'est à une représentation de ce genre, exposée dans la collégiale de Saint-Pierre que Saboly fait allusion dans le noël que nous venons de citer.

Cet usage subsiste encore aujourd'hui. Il n'y a peut-être pas d'église dans nos contrées qui, pendant le temps de Noël, n'ait sa *nativité*. C'est une des meilleures traditions des familles chrétiennes de l'établir dans la maison, au foyer domestique. Rien en vérité n'est gracieux comme ce spectacle qui nous fait, pour ainsi dire, assister à la naissance du Sauveur, en nous montrant l'Enfant Jésus couché sur un peu de paille ; tandis que des verts côteaux d'alentour on voit descendre de nombreux bergers qui se dirigent vers la grotte, portant leurs présents de la montagne, et exprimant, par leurs gestes et leur attitude diverse, la joie enfantine qui les possède.

Là aussi il ne conviendrait pas de chercher les délicatesses et les nuances de la couleur locale. On y retrouve d'ordinaire les vrais bergers de Saboly, avec la même physionomie rustique ; et ce n'est pas le moindre charme de ces délicieuses scènes. Quant aux anachronismes, il y en a de toutes sortes : Saboly qui met l'Amérique sous la domination de César Auguste (*), est presque toujours dépassé. Mais qu'importent ces soins délicats d'un art raffiné ! C'est là, devant cette naïve et touchante image de Bethléhem que, chaque soir, se réunissent les membres de la famille, père, mère, enfants et les aïeux, afin de chanter la prière sous la forme si douce et si attrayante du noël provençal.

(*) Noël 25.

VII

VII.

Jusqu'ici c'est, en quelque sorte, dans l'homme politique et le bénéficier que nous avons étudié le poète. Ses fonctions, son ambition, sa nature et son humeur nous ont donné la raison d'une certaine manière de la plupart de ses compositions.

Je reviens au noëliste populaire, au chantre de Bethléhem, dans lequel on trouve en abondance ces qualités vives et naturelles qui font les poètes heureux.

Grâces poétiques, délicatesse de sentiments,
émotion vraie, finesse du coloris; tout cela,
dans les noëls, pousse et croit sans effort
comme l'or du genêt et les fraiches mousses
sur les vertes collines.

On ne s'attendrait pas tout d'abord rencontrer dans Saboly, le poète de la bonne
plutôt que de la belle nature, cet ensemble
de qualités si diverses. Mais, malgré un
peu de réalisme dans les images et quelquefois d'humeur bouffonne, on peut l'affirmer,
il ne manque jamais de ces grâces naturelles et sans fard qui plaisent le mieux. Il y
a comme un délicieux parfum de montagne
et une odeur de bruyère qui court sans cesse
à travers ces chants et ces dialogues si simples, si familiers, des pâtres de Bethléhem.

Quelquefois les délicatesses du sentiment et
la grâce se mêlent, de manière à créer la plus
parfaite mélodie poétique, comme dans le début du noël 12 :

Venès lèu

Vèire la Piéucello ;

Venès lèu

Gentil pastourèu !

Soun Enfant es pu blanc que la nèu

E trelusis coume uno estello,

Ai ! ai ! ai ! que la maire es bello !

Ai ! ai ! que l'Enfant es bèu !

Voilà un morceau d'une grâce toute virgilienne. En vérité, je ne sais pas s'il y a quelque chose de plus gracieux dans notre littérature française. Sans doute le reste de la pièce ne répond pas à ce suave début ; néanmoins cette citation suffit pour montrer que le génie de Saboly n'est pas étranger aux délicatesses de la forme, ni à cette élégance fine qui témoigne d'un esprit cultivé.

Une autre composition nous paraît très-remarquable au point de vue de l'éclat poétique et de la perfection de l'art ; c'est le noël 67 : *Sus! campanié, revihas-vous* ! Rarement Saboly se montre poète autant que dans cette pièce. Dût ce noël être l'œuvre de Puech,

comme le prétend Bougerel, nous ne reti-
rerions pas les éloges que nous en faisons ici.
Mais heureusement rien ne s'oppose à ce qu'il
puisse être attribué à notre noëliste. Le P.
Bougerel ne donne aucune preuve de son
assertion, et M. Seguin, si grave dans ses ju-
gements, n'hésite pas à le rendre à Saboly,
en le mettant à la suite des noëls du Maître.

Au début de cette pièce c'est l'élan et l'enthousiasme de l'ode :

> Sus ! campanié, revihas-vous !
> Lou jour paréis, l'aubo es levado ;
> Veici l'urouso matinado
> Mounte devèn renaisse tous.
> Diéu vèn !....

Et dans la strophe suivante, quelle fraîcheur et quelle grâce !

> La perlo ei raioun dòu soulèu
> Se formo dedins la couquiho :
> Diéu s'es fourma dins uno fiho
> Per un astre plus grand qu'aquéu.

On y trouve cette allure forte et robuste

qui est souvent une affectation chez les poètes de nos jours et particulièrement dans le
chansonnier Pierre Dupont que je demande
pardon de nommer en un pareil sujet.

> Tafort ! anen, fau mai souna !
> Gros campanié, prenès courage !
> Que Diéu benigue voste oubrage :
> Pèr reculi, fau samena.

Je voudrais faire remarquer que c'est surtout des qualités d'esprit qu'il s'agit ici. Que
n'aurions-nous pas à dire si nous voulions
parler de cet accent si touchant avec lequel le
poète sait toujours exprimer les sentiments de
son cœur, et de cette émotion chrétienne dont
son âme sacerdotale est remplie ! Tout le monde
connaît *Hòu ! de l'oustau.* Est-il rien de touchant comme cette strophe si simple et si
naïve ?

> Nazarèt es nostro patrio ;
> Iéu siéu pas tau que me cresè :
> Siéu fustié, mappelle Jousè,
> Ma femo s'appello Mario.

Et ce trait du noël 34, n'est-il pas admirable?

> Lou pichot l'appello
> E li dis : Mama !...

Et cette Vierge qui

> D'uno voues charmanto
> Li parlo e li canto ;
> Li dis : Jésu, vous sias tout miéu ;
> Agués pieta de iéu !
> Siéu vosto servanto
> E vous sias moun Diéu !

Citons encore cette strophe du noël 52 :

> Jòusé lou pren, lou caresso,
> E lou sarro dins sei bras :
> N'en sara pas jamai las,
> Belèu mourra de tendresso!

Puisque nous en sommes à cet ordre de perfections c'est ici peut-être le lieu de dire que Saboly n'ignore pas non plus l'art de produire les images et les formes idéales. Il est véritablement peintre. D'ordinaire ses couleurs sont très-vives et ses tons très-chauds.

Parmi les pièces qui appartiennent au genre
que nous signalons, il en est une qu'on pourrait appeler une pièce de très-haute littérature. C'est le noël : *Lia quaucarèn que m'a
fa pòu.* On y trouve un portrait de la Mort
tel qu'on le dirait emprunté à la *Danse ma-
cabre* de Holbein, mais avec des contrastes et
des effets puissants d'ombre et de lumière
qui rappelle Rembrandt :

> Ero laido coumo pecat,
>   La vièio desdentado :
> Elo avié leis dous ue trauca,
>   E la testo pelado...
>
> Avié tout lou vèntre cura
>   Semblavo un brus d'abiho :
> E sai pas qu li avié gara
>   Lou nas e leis auriho
>
> Sei man, sei pèd fasien esfrai,
>   E sei cambo d'aragno...

Quel tableau saisissant ! Et ce coup de pinceau dans ces quelques vers que je demande
la permission de citer encore :

Ero uno vièio femo
Pu longo qu'un grand jour sèns pan,
Pu maigro que caremo !

Ailleurs c'est le brillant et la grâce du coloris, comme dans le noël 40. Mais il y a de
plus dans ce noël une soudaineté de mouvement et d'action qui en fait un petit chef-d'œuvre. C'est un vrai petit drame ayant une
exposition, une action et un dénoûment. Tout
cela se précipite dans trois strophes qui sont
comme les trois actes de la pièce.

Acte 1er. — Il est nuit. Un jeune berger
est couché sous sa tente ; il dort. A côté de
lui veille son chien fidèle. Soudain brille une
grande et vive lumière. Le chien effrayé par
cet éclat subit,

Idoulo,
Gingoulo,
Darriè *soun* couissin.

Bref, il fait tant de la voix et des pattes
qu'il éveille son maître.

A tant varaia
Que l'a revilha.

ACTE IIe. — Au milieu de cette éblouissante clarté un ange apparaît. Le portrait en est ravissant.

> Avié de grands alo
> Darrié leis espalo,
> Permei sa clarta
> Ai vist sa bèuta
>   Sa mino
>   Fort fino
> E sa majesta.

Il chante ; sa voix est plus mélodieuse et plus pénétrante que le son du hautbois. C'est une joie de l'entendre :

> Jamai tau plesi
> Qu'aquéu de l'ausi.

ACTE IIIe. — Le berger quitte sa tente et appelle à grands cris au dehors. De tous côtés on s'éveille. Mais quelle surprise et quel ravissement !... On se treuve inondé des clartés divines qui jaillissent de la face de l'ange. Et, dans une sorte d'extase, on écoute cette voix qui chante :

La bello
Nouvello
Que Jesus es na.

Et voilà tout le monde parti pour Bethléhem,
ivre de joie, bondissant d'allégresse :

An tous fach un saut
Dessus lou coutau.

C'est le dénoûment.

Cette gaîté vive et bondissante est dans la
nature même des bergers de Saboly. La plus
belle manière d'exprimer leur joie, à la nouvelle de la naissance du Sauveur, est de faire
des sauts et des gambades.

Pèr de saut e de cambado
N'ai fa mai que noun poudiéu (*).

Les animaux eux-mêmes se sentent saisis
de cette allégresse qui porte aux jambes.

(*) Noël 44.

> Lei moutoun, agnèu e fedo,
> Se soun tous mes à bela ;
> Se n'i aguèsse gis agu de cledo.
> S'en sarien ana de çà, de là !

Dans ce genre où la joie chrétienne déborde il faudrait citer un grand nombre de noëls, comme *Diéu vous gard', noste mestre ; Un ange a fa la crido ; Nautrei sian d'enfant de cor* et bien d'autres encore.

VIII

VIII

Mais il est temps d'étudier les grandes qualités littéraires de Saboly.

La spontanéité du jet, l'originalité d'un art qui s'ignore lui-même, le ton de gaîté familière, de fine bonhomie, de laisser-aller et quelquefois de joyeuse farce font le plus grand attrait de ces compositions. Toutefois Saboly, nous venons de le dire, n'ignore pas les moyens de mettre les idées en relief et l'art de les opposer par le contraste. Il sait, au besoin, grandir ses personnages pour mieux les mettre en vue; il sait donner à leur physionomie un vif éclat de lumière et mettre au tableau l'ombre qui convient.

A cet égard, le petit drame *Hòu de l'oustau*, dans lequel le poète met en scène, d'une part l'*hôte* avec sa rudesse impitoyable, et de l'autre la figure douce et suppliante de saint Joseph, est une admirable composition. Qui a pu jamais, sans éprouver cette émotion qui amène les larmes, entendre cette plainte de Saint-Joseph ?

> Nous tratès pas d'aquelo sorto :
> Helas ! vesès lou tèms que fai !
> Durbès-nous ! S'istas gaire mai,
> Nous troubarés mort à la porto !

Et cette réponse de l'*hôte* presque attendri :

> Vous loujarai pèr carita
> Dins un pichot marrit estable !

Ce noël et plusieurs autres, dans lesquels l'élévation des pensées apparaît davantage, indique comme une nouvelle manière de composition et, pour ainsi dire, une nouvelle phase du génie de Saboly. Ceux qui ne le connaissent que par les noëls que la tradition des familles a rendu plus populaires, ne se doutent pas de cette noblesse de sentiments et de pensées, et de cette ampleur de style que l'on rencontre dans un bon nombre de ses compositions.

Il en est de ces noëls comme de toutes les œuvres qui se font remarquer par une certaine élévation ; les esprits vulgaires ne savent pas en apprécier le mérite. C'est pourquoi ils ne sont pas chantés parmi les gens du peuple. Qui connait, en effet, *Pièisque l'ourguei de l'umano naturo ?* ou bien : *Jujas un pau de quinto sorto ?* Et cependant ces noëls et quelques autres suffiraient, selon nous, pour faire à Saboly une haute réputation et le placer au premier rang des poètes provençaux.

Mais il y a là un ordre d'idées qui dépasse le niveau des intelligences communes.

La première de ces compositions mérite surtout d'être citée comme une pièce achevée. C'est le noël 11.

> Pièisque l'ourguei de l'umano naturo,
> Ero mounta jusqu'à Diéu amoundaut,
> Un Ome-Diéu, pèr repara l'injuro,
> Fau que descènde dòu cèu eiçavau.
>
> . . . .
>
> Aquel enfant es trop jouine e trop tèndre,
> Traite Judas ! n'auriés gaire d'argènt,
> S'entrepreniés toutaro de lou vèndre :
> Espèro dounc qu'age un pau mai de tèm.
>
> . . . .
>
> Es délicat mai que noun pourriéu dire
> Lou mendre mau li causarié la mort :
> Pourra ben mai endura de martire,
> Quand sara grand e que sara plus fort !

Ce dernier trait nous paraît sublime. Tout, dans ce noël, est de cette vigueur et de cette élévation.

Le noël 42 est très-remarquable aussi par

le ton de gravité et de tristesse digne qui y rè_
gne. C'est un tableau saisissant de l'état de
pauvreté dans lequel se trouve le petit Enfant-
Dieu. « L'étable est ouverte à tous les vents et
la bise est plus forte qu'elle ne sera de tout
l'hiver. Cet Enfant *donne* dans l'âme ; il est
couché sur la paille humide et vieille. Et sa
mère, la bonne Dame, voudrait réchauffer ses
langes, mais comme il n'y a ni feu ni flamme
en cet endroit, elle les lui met froids comme
glace. Cependant on n'a pas entendu pleurer
l'Enfant. »

> N'i a que dison que l'Enfant plouro :
> Pèr iéu l'ai rèn ausi ploura.
>
> . . . .
>
> Eu s'accoustumo de bono ouro
> Ei tourmen que dèu endura.

Puis avec un art infini le poète fait glisser sur
ce tableau, un peu ttristé, un rayon de douce
et suave lumière qui illumine l'âme et lui rend
la sérénité. C'est comme une gracieuse apparition de la Vierge modeste de la Crèche. « Rien,

dit le poète, de si doux ne s'est vu dans la na-
-ture, rien d'aussi beau. Elle est plus blonde
que la *dorure* et cent fois plus douce que le
miel. » Mais le poète ne peut pas nous montrer
tout le charme de sa beauté, car, ajoute-t-il,

> Car lou vouelo qu'a sus la testo
> M'en a bèn rauba la mita.

Il y a du Raphaël dans ce tableau, dirait
Sainte-Beuve.

Le noël *Orguhious plen de magagno* a de
la dignité et révèle un accent nouveau d'autorité qui va bien à ce prêtre-poète. Cette parole grave qui prêche la charité aux riches;
qui, dans de sévères leçons, leur reproche
le luxe et les délices de leur vie en face de la
pauvreté et de la souffrance d'un Dieu couché
dans une crèche; cette parole, disons-nous,
prend un accent de noble et sainte indignation
et s'élève parfois jusqu'au sublime. Nous ne
résistons pas au plaisir de citer la dernière
strophe :

Tu que siès lou mauvai riche,
Eiserço la carita ;
Ei paure siegues pas chiche,
Dono-li quauque pata.
Diéu, dins aquelo bastido,
Dono tout à seis amis,
Soun amour, soun sang, sa vido,
Sa mort e soun Paradis !

Nous conseillons de lire avec attention toute cette pièce ainsi que le noël 53 : *Tu que cerques tei delice*, qui est de la même inspiration.

Deux choses ou plutôt deux sentiments nous paraissent expliquer suffisamment cette voie différente et plus élevée que Saboly a suivie dans un bon nombre de ses noëls. C'est, d'une part, le respect sacré qui est dû à la grandeur et à la sainteté des personnages de la Crèche, et, de l'autre, le sentiment de la dignité et de l'exacte fidélité qui, dans les mystères de Bethléhem, conviennent aux saintes Ecritures et au dogme catholique.

Les personnages que Saboly met en scène ne sont pas bibliques, cela est vrai; cependant le poète sait toujours leur donner un tel caractère de simplicité et de grandeur, que chacun d'eux est justement traité comme il convient. Les bergers, nous l'avons vu, sont de vrais bergers avec les habitudes de leur conditions ; et les rois sont tels aussi qu'ils doivent être : grands, généreux, élevés par l'intelligence. Ceux qui viennent de l'Orient sont de véritables savants :

> Savon l'astrologio
> Pèr poudé devina ;
> Et la philosophio
> Pèr poudé resouna (*).

Mais c'est à traiter dignement les divins personnages de la Crèche que le poète s'étudie avec tout son génie. Jésus, Marie et Joseph sont toujours revêtus de dignité, de sainteté et de cette auréole céleste qui les élève au-dessus de la terre. A voir cette sollicitude du noëliste, on sent qu'il y a là plus que le poète;

(*) Noël 30.

il y a le prêtre à qui le poète demande ses plus nobles et ses plus saintes inspirations. Sa lyre devient en quelque sorte sacerdotale et sacrée. On peut en juger en lisant les noëls que je citais tout à l'heure. Comme tout y est élevé, digne et vraiment grand ! Saboly, au milieu de ses joies les plus naïves et les plus bruyantes, ne manque jamais à cette loi du respect pour ces personnages augustes.

C'est pourquoi, nous répudions pour lui la paternité d'un noël fameux qu'on lui a long-temps attribué. C'est le noël : *Nautrei sian tres bòumian*. Cette composition est de Puech ou de quelque poète espagnol, duquel Puech l'a traduite.

Nous sommes profondément étonné de voir des critiques, tels que : MM. Fortia d'Urban, Achard, l'abbé Arnaud, Castil-Blaze et plu-sieurs autres, donner à cette composition un tribut d'éloge et d'admiration sans réserve, qui tend à le porter au rang des chefs-d'œuvre (*). Pour ma part, je pense et j'ose dire qu'elle est bien loin de valoir sa célébrité. Il y a sans doute quelque chose qui touche l'âme et l'émeut dans cette prédiction de passion et de mort sur la douce et blonde tête de l'Enfant-Dieu. Mais, en dehors de ce contraste sublime que le poète n'a pas créé, pensez-vous qu'elle soit digne d'un sujet si auguste, l'idée de livrer cet Enfant, l'Emmanuel, le Père des siècles futurs, le Saint, entre les mains de donneurs de bonne fortune et de bohémiens (**)?

(*) M. Mary-Lafont met ce noël au-dessus de tous ceux de Saboly. Il ajoute que d'Argens et Lamétrie le chantaient en petit comité à la cour du grand Frédéric. (*Tableau historique et littéraire de la langue parlée dans le Midi de la France.* Appendice bibliogr. p. 308.)

(**) Ce travail était fini quand on m'a communiqué un recueil intitulé : *Choix de poésies provençales* (Aix, Makaire, 1860). Je trouve dans cet ouvrage une note de laquelle il résulte que ce noël avait été blâmé dès son apparition. « Malgré la simplicité de nos pères, dit cette note, cet ou- « vrage fut tout à la fois l'objet de l'applaudissement et de

Et que dire de la manière dont ces divins personnages eux-mêmes se prêtent tour à tour à ces sorcelleries, montrant « leurs lignes vitales » et mettant la *croix* dans les mains des sorciers !... Saboly n'aurait jamais commis une pareille irrévérence.

Il y a un autre sentiment qui agrandit les pensées de notre poète ; il y a un autre respect qu'il observe en toute occasion, même au milieu des plus bruyants éclats de gaîté et de joyeuses fanfares, c'est le respect de la doctrine

« la censure. Cette double voix attira l'attention du cardi-
« nal Grimaldi qui gouvernait l'Eglise d'Aix. Il mande l'au-
« teur. Celui-ci ayant apporté à son Eminence l'original de
« ce noël, contenu dans un ouvrage d'un poète espagnol in-
« titulé : *Los Pastores de Belen*, muni d'approbations res-
« pectables et accompagné d'éloges aussi nombreux qu'ils
« sont magnifiques, il lui représenta qu'il n'avait pas cru fail-
« lir en faisant paraître dans Aix un cantique qui avait été
« chanté à Madrid, sous les yeux de l'Inquisition elle-même.
« Le cardinal prit en main le livre espagnol, examina la
« chose, puis lui dit avec sa bonté accoutumée : Allez, M.
« Puech, faites toujours des nouels. »

catholique et des saintes Ecritures ; c'est la fidélité et l'exactitude pour la vérité dogmatique auxquelles il ne manque jamais. Entendez-le :

« Cet Enfant est d'une double nature, fils de l'homme et fils de Dieu (*). La divinité et l'humanité sont unies dans la personne de cet Enfant que son Père donne pour notre rançon (**). En prenant Marie pour mère, il montre son humanité, et il nous cache sa nature divine en se laissant appeler fils de Joseph (***). Les présents des mages font voir ses hautes qualités : »

> L'or, segound que dis l'istòri,
> Mostro qu'es un rèi de glòri ;
> E la mirro emé l'encèn
> Qu'es ome e Diéu tout ensèn.

Le prophète Isaïe lui revient en mémoire dans ce trait qu'il traduit en quelque sorte :

(*) Noël 52.
(**) Noël 46.
(***) Noël 32.

Bos cognovit possessorem suum et asinus præsepe Domini sui (*) :

> L'ase que recounèis soun mèstre
> Es aqui que li fai la cour ;
> E lou biòu que vòu toujour èstre
> A l'entour de soun bon Seignour... (**)

Et ailleurs le poète s'écrie avec la liturgie catholique :

> Urouso es mon òufenso
> Qu'a meritat un si grand Redemptour !

Dans ce même noël si remarquable, cité déjà plusieurs fois, Saboly nous fait connaître son opinion de théologien sur les causes de l'Incarnation. Il embrasse l'avis de ceux qui pensent que le Fils de Dieu se serait incarné et aurait habité parmi nous, quand même Adam n'aurait pas commis cette « heureuse faute » qui nous a valu le sang du Rédempteur.

(*) Is. Cap. I, v. 2.

(**) Noël 20.

> Quand bèn Adam n'aurié gis fa de fauto,
> Lou Fiéu de Diéu sarié toujour vengu.

Une seule fois nous le surprenons sacrifiant à la vérité poétique la vérité doctrinale. Saint Thomas avait dit :

> Verbum supernum prodiens
> *Nec* patris *linquens* dexteram,
> Venit...

Saboly dit au contraire :

> *Quitto* lou sen de soun Paire,
> Descènd eiçavau (*).

Mais il n'y a pas d'erreur, à proprement parler. C'est ici la vérité de sentiment, dirai-je, la vérité telle que l'amour la représente.

Ces quelques traits suffiront pour montrer à ceux qui ne connaissent Saboly que par ouï-dire, combien il est poète de bonne race et comment, selon les circonstances, il a l'inspiration élevée.

____

(*) Noël 36.

IX

Nous n'avons rien à retrancher de ces ap-
préciations. Cependant il ne faudrait pas re-
chercher dans ces noëls les procédés savants
de composition. La pensée est toujours la première dans l'ordre ; voilà pourquoi le style,
qui est absolument à son service, nous paraît
quelquefois un peu négligé. Il semble que
Saboly n'a pas grand souci de ce vêtement
extérieur. On se tromperait pourtant si l'on
se fiait trop à ses apparences; l'œil exercé finit
par découvrir qu'il y a sous ce laisser-aller
plus de soin et de perfection que le premier

regard n'en a aperçu d'abord. Mais enfin, chez lui la pensée est avant tout.

On a dit des *Bucoliques* de Virgile qu'il ne faut jamais séparer du fond cette forme si douce et si harmonieuse qui en fait la fortune. En effet, si on l'oublie un instant ; si on parvient à écarter cette molle et suave mélodie pour ne s'attacher qu'à la pensée, on sera frappé du vague de la scène et du caractère bien plus littéraire que réel de ces bergeries (*).

Quant à Saboly la critique est obligé de formuler un jugement bien différent. On peut dire que le caractère de ses compositions est toujours réel et quelquefois bien plus réel que littéraire. Sans doute, j'aime à le répéter, les finesses et les délicatesses de la forme ne sont pas absentes. Mais nous voulons dire que ces qualités parfois exquises de la forme sont là,

(*) Sainte-Beuve, *Derniers Portraits*.

non pas comme le résultat d'une étude théorique appliquée aux règles de la rhétorique touchant le mouvement de la période, le choix et les nuances de l'expression, les combinaisons savantes de l'harmonie ; mais comme le produit spontané d'un génie qui crée tout en même temps : l'expression, le mouvement et jusqu'au chant, qui ne fait, pour ainsi dire, qu'un avec l'expression et le mouvement.

Nous parlons d'harmonie. Certes, l'harmonie est une des qualités qui s'attachent le plus au style de Saboly. Mais elle n'est jamais ce mécanisme étudié de mots qui se heurtent en cadence, de manière à produire le bruit des choses. Dans les œuvres que nous étudions, elle n'est que la juste propriété des termes ; et dans la période, elle n'est que la juste proportion du mouvement avec la pensée.

A ceux qui ne croient pas à l'harmonie imitative de la phrase, nous conseillons de lire tout le noël : *Ai ! quouro tournara lou tèms, bregado.* Il est un des plus remarquables.

C'est le récit d'un voyage et d'une visite à Bethléhem. Il y a vraiment de l'impétuosité dans le mouvement et dans le rhythme. Ces rimes en *ado* et en *èn* qui se précipitent dans sept couplets, vous entraînent comme dans une course vertigineuse. Mais la 4e strophe est, à cet égard, remarquable par dessus toutes les autres. Elle offre un effet surprenant de ce genre d'harmonie.

> Jamai chivau n'a miéu gagna civado :
> Courrian plus vite que lou vènt !
> Fasian de saut e de cambado,
> Que fasian sourti lou fio de la calado !
> Ai ! quouro tournara lou tèms, bregado ?
> Ai ! quouro tournara lou tèm ?

Et cette strophe d'un autre noël déjà cité :

> Eu sauto la rigolo
> E volo, e volo !
> Fai roula lei molo
> Dòu gagno-petit.

Du reste, ici il faudrait tout citer, car cette

harmonie se trouve partout dans ces petites compositions.

Il est un autre genre d'harmonie, quelquefois un peu puérile, que Saboly ne dédaigne pas et qui, il faut le dire, ne dépare pas certains sujets. C'est l'harmonie imitative des mots et l'onomatopée. Saboly en tire le meilleur parti dans ces pièces où l'accent joyeux et comique domine. Il imite le son de la trompette : *Tararo, poun, poun !...* le bruit pressé et retentissant des coups de gaule : *E zòu, zòu zòu, patati, patatòu !* le carillon joyeux des cloches : *Din, dan, din, doun, digue, digue, doun !* Toutes ces choses chantées sur un air populaire fait tout exprès ou merveilleusement adapté, sont ravissantes à entendre la veille de Noël, autour du foyer ou brûle le *cache-fio.*

Enfin, il y a l'harmonie de la cadence musicale ; car les noëls sont essentiellement faits pour être chantés. Aussi le rhithme s'adapte toujours scrupuleusement à la musique, et chaque strophe est exactement scandée sur la première qui a servi de type pour le chant. (*)

Nous l'affirmons, sans crainte de nous tromper, Saboly, une fois l'air trouvé, composait tous ses couplets en les chantant. Ceux qui

(*) Il est juste de dire que Saboly ne sacrifie jamais la pensée ou même la forme poétique au rhythme musical. Dans les noëls ces choses s'harmonisent et ne se contrarient pas. Aujourd'hui il y a une école qui prétend tout sacrifier à la cadence musicale. Castil-Blaze en était le chef. C'est lui qui a inventé le *fla* et le *ra*, voulant que la poésie faite pour être chantée marche à la baguette et au son du tambour. Voici comme on procède dans cette école : d'abord on cherche ou l'on arrange un air ; c'est la chose principale, la seule importante. Puis arrive la servante, *pedisequa* ; c'est la poésie. On l'étend sur ce lit de Procuste et on ne lui ménage ni les mauvais traitements ni les tortures.

Naturellement les disciples vont plus loin que le maître. Ceux-ci, pour sauver la cadence musicale de quelques vieilles chansons telles que *Femme sensible* ou *Que ne suis-je la fougère*, ne craignent pas d'altérer les paroles de nos plus beaux cantiques dont la composition appartient à des maîtres tels que Corneille, Racine, Fénélon, etc... Il est vrai qu'il n'y a pas de poètes pour ces messieurs ; il n'y a que des *paroliers* habiles ou maladroits, selon le mot de Castil-Blaze; et Fénelon, Racine et Corneille ne sont sans doute que de fort mauvais paroliers qu'il a fallu corriger.

sont du métier savent que sans cette méthode il ne serait pas possible d'arriver à cette perfection du rhithme. C'est pourquoi, c'est dans la plus grande vérité du mot qu'on peut appeler Saboly un troubadour ; il est vraiment un poète-chanteur. Ce rhythme, en effet, est toujours très-étudié, comme il est facile de s'en convaincre. Nous n'en donnerons qu'un seul exemple qui est frappant. C'est le noël 58. A chaque couplet, le 2ᵉ et le 4ᵉ vers se terminent régulièrement par un monosyllabe qui permet, ainsi que l'air le demande, de répéter les six premières syllabes, afin de faire une chute marquée sur ce dernier pied. Cette façon de couper le vers et de le chanter donne à ce noël une cadence des plus originales. C'est comme la cadence et le bruit du rouet. Je cite une strophe :

Vos-tu qu'anen en Betelèn,
Aro que camines (bis) bèn,
Vèire aquèu bel Enfant qu'es na,
Aro que camines (bis) pla.

X

X

Saboly écrivait ses noëls sans préoccupation d'auteur. Sans doute il n'ignorait pas un certain mérite de ses œuvres. Le soin exact, j'allais dire empressé, qu'il mettait à les distribuer à ses amis, aux approches de Noël, permet de penser qu'il n'était pas absolument insensible aux jouissances d'une bonne renommée et peut-être de la gloire. Mais enfin, la pensée de travailler à un ouvrage complet, d'ensemble et pour la postérité, assurément ne lui était pas venue. Chaque année, un certain nombre de noëls paraissaient sans suite obligée avec ceux de l'année précédente, n'ayant de commun avec eux que l'idée générale du sujet. Il se contentait de donner au cahier qui les groupait ce simple titre : *Nouvè per l'an* 16...

Une fois cependant il a eu le dessein évident de traiter, en un sujet suivi, une série de noëls, ainsi que le fait remarque M. Roumanille, dans l'édition des *Noëls* publiée par M. Seguin. « Les sept noëls, dit M. Roumanille, à partir du numéro 25 jusqu'au numéro 31, ont une liaison entre eux, et l'auteur les avait fait imprimer sous ce titre : *Histoire de la naissance de Jésus-Christ.* C'est en quelque sorte un petit poème dont chaque noël est un chant (*). » M. Seguin, à son tour, croit que dans la pensée de Saboly, ces noëls doivent

(*) Introd. Note, p. **XLII.**

être chantés sans interruption et dialogués de manière à former une espère de *Mystére* ou de petit *Oratorio*.

Quoi qu'il en soit de la pensée vraie de Saboly, c'est bien ainsi qu'on l'a interprétée plus d'une fois dans certains endroits du Comtat où la foi et les traditions chrétiennes sont demeurées vives jusqu'à nos jours. Il y a peu d'années encore, dans tel petit village de notre contrée, on aurait pu voir, la veille de Noël, représenter le mystère de la naissance du Sauveur.

Vers minuit, au moment où le dernier coup de la messe finissait de sonner, lorsque déjà la petite église était remplie de la foule des chrétiens, et la porte étant fermée, un des chantres de la paroisse entonnait le noël *Dòu tèms de l'Empèri rouman...* Le *mystère* avait commencé. Les fidèles poursuivaient le chant du noël; mais lorsque le dernier couplet était terminé, tout à coup, au milieu d'un profond silence, on entendait frapper à la porte des coups répétés. Puis, du dehors, une voix s'élevait douce et suppliante qui disait :

> Hòu de l'oustau, mèstre, mestresso,
> Varlet, chambrièro, ci li a res ?...
> Ai deja pica proun de fes,
> E res noun vèn ! quinto rudesso !

L'*hôte* placé dans le tambour de l'église répondait alors avec l'accent de rudesse qui convient à son rôle :

> Me siéu deja leva tres cop ;
> S'eiço duro dourmìrai gaire :
> Qu pico abas ? Qu'es tout aco ?...

Le dialogue continuait. Quand, à la dernière strophe, l'*hôte* avait dit :

> Vous loujarai per carita
> Dins un pichot marrit estable...,

les portes de l'église s'ouvraient : Marie et Joseph entraient, passant à travers la foule émue des fidèles qui, se précipitant pour les voir, faisaient entendre de longs murmures d'une admiration et d'une joie dont le respect qui est dû au lieu saint ne pouvait pas toujours contenir les élans.

Cependant les époux divins arrivaient à la Crèche. Dans une des chapelles latérales on avait représenté avec un art tout rustique l'image de la grotte de Bethléhem avec les lieux qui l'environnaient. On y voyait des bois touffus, de verdoyants côteaux et des bergeries. Puis, çà et là, des troupeaux qui paissaient et des bergers veillant à leur garde. Rien n'y manquait. Enfin, au bas de la colline, la grotte elle-même, où, sur un peu de paille, reposait un joli petit Jésus en cire presque nu.

Lorsque Marie et Joseph, ceux-ci bien vivants, en chair et en os, avaient pris place à la Crèche auprès de l'Enfant, alors seulement la messe commençait, pendant laquelle, au chant de la liturgie, et peut-être un peu à côté de la rubrique, se mêlait le chant des noëls ; car le *mystère* devait continuer pendant le sacrifice divin.

A l'Offertoire, on entonnait le noël 28 :

Sus lou coutau
Lei pastres en repau...

C'est le récit de l'apparition de l'Ange aux ber-
bers qui veillaient sur les collines voisines,
lorsque dans les airs éblouissants de clarté on
entendait les légions angéliques chanter
l'hymne de la paix :

D'ange disien dessus sei lut d'ivòri :
Au Diéu d'en aut sie tout ounour e glòri !
E pas
Eis ome d'eilabas !

Les portes s'ouvraient de nouveau et les
bergers apparaissaient, la tête coiffée de beaux
chapeaux aux larges bords joyeusement re-
troussés, et portant à la main des houlettes en-
guirlandées de verts feuillages. Ils entraient
ainsi, mêlant leurs voix robustes à celles des
assistants qui, à ce moment, chantaient :

> Lei pastourèu
> An fach uno assemblado,
> Lei pastourèu
> An tengu lou burèu.
> Aqui chascun a di sa rastelado
> E s'es counclu, la paraulo dounado,
> D'ana
> Vers lou pichot qu'es na.

Arrivés à la Crèche, ils se prosternaient et adoraient l'Enfant-Jésus, tandis qu'on chantait la cinquième et la sixième strophe :

> Lou capèu bas et la tèsto courbado,
> Van, tout courrènt, saluda l'acouchado,
> E fan
> L'acoulado à l'Enfant.

> Laisson au sòu
> Dous o tres bon froumage
> Laisson au sòu
> Une dougeno d'iòu...

Immédiatement après, le service divin reprenait le chant liturgique pour ne plus l'interrompre jusqu'à la fin où de nouvelles et joyeuses émotions attendaient encore la foule impatiente.

Quand le prêtre avait chanté l'*Ite missa est*, on entendait, dans le lointain, les accords d'une bruyante fanfare qui jouait l'air du noël 31 : *Lei Mage dins Jérusalèn,* ou plus souvent l'air de la *Marche de Turenne* sur lequel on chante ordinairement le noël : *Dé matin, ai rescountra lou trin...*

En effet, les Rois de l'Orient, avec leur brillant cortège, faisaient leur entrée solennelle au milieu des éclats de la joie de la foule.

La tradition, fidélement gardée, y faisait voir Melchior, le premier des Rois-Mages, vieillard à grande barbe et à longs cheveux blancs. Il était vêtu d'une robe d'hyacinthe et d'un manteau de différentes couleurs. Venait ensuite Gaspar, jeune, vermeil, vêtu d'une robe orangée et d'un manteau d'écarlate. Enfin Balthazar était le troisième. Il était noir, portait une longue barbe noire et était couvert d'un manteau bariolé, magnifique, aux larges plis.

Arrivés à la Crèche, les Rois adoraient l'Enfant-Dieu, et, au milieu du silence profond de la foule, ils lui offraient les présents marqués par la tradition : l'or, l'encens et la myrrhe.

Puis la fanfare reprenait la *Marche de Turenne*; et les Rois s'en retournaient escortés par la foule des fidèles qui chantaient au son des instruments :

De matin
Ai rescountra lou trin
De tres grand rèi.....

Et quand ils en étaient à la strophe suivante, si pleine de grâce, ils la répétaient jusqu'à ce que les falots fussent éteints :

Dins un char
Daura de touto part,
Vesias lei rèi moudeste coume d'ange ;
Dins un char
Daura de touto part,
Vesias briha de riches estendard.
E lei drapèu
Qu'èron fort bèu
Ei vèntoulet servissien de badinage ;
Ausias d'auboues
De bèlli voues
Que disien d'èr d'un amirable choucs.

Ainsi finissait ce touchant *mystère*, laissant dans le cœur des fidèles émus un parfum de douce piété. Ainsi se perpétuaient dans les familles ces traditions de simplicité et de foi chrétienne, dont nos aïeux se faisaient honneur et qui s'en vont aujourd'hui avec la foi elle-même.

XI

XI

A mesure que j'arrive à la fin de cette
étude, je sens davantage combien ce travail,
quoique trop long, aura peu fait pour faire
connaître et apprécier le vrai génie de Saboly. Mais, après cet aveu qui ne me cause
point d'embarras, je tiens à dire, en finissant,
à ceux qui ont entrepris une autre tâche très-
difficile aussi, celle d'imiter ou de traduire
l'incomparable auteur des noëls, qu'ils n'ont
pas eu peut-être un meilleur succès.

Ce qu'est Saboly dans les noëls, on le sent ; mais il est moins aisé de s'en rendre compte, et il est plus difficile encore de l'imiter.

Cependant, des hommes d'esprit, de vrais poètes, se sont mis à l'œuvre ; et c'est véritablement faire honneur aux lettres que de nommer des servants de la muse provençale tels que Roumanille, Mistral, Aubanel et, après eux, cette gracieuse pléiade de poètes chanteurs dont ils sont les chefs applaudis. Comme Saboly ils ont mis en action des bergers, maîtres et pâtres, et des troupeaux. La scène se passe bien toujours à Bethléhem ; comme autrefois les clartés du ciel illuminent les côteaux des environs, et au-dessus les anges chantent encore leur *Gloria*. Le vieux Satan et toute la séquelle des diables rodent autour du *jas*. Enfin c'est bien le même sujet que traitait Saboly et les mêmes éléments y concourent. Mais ce n'est plus la même naïveté, ni le même naturel exquis ; ce n'est plus ce laisser-aller, cette fine bonhomie, cet accent particulier fait de malice et de rusticité qui va si bien au langage du pâtre. En un mot, ce n'est plus le vieux Maître. Ces poèmes sur la naissance du Sauveur sont, avant tout, de vraies pièces académiques, très-correctes, très-parfaites, qui feraient, sans doute, d'admirables morceaux de concours, mais ne sauraient être de vrais noëls selon la manière de Saboly.

Dans le courant du XVIIIe siècle, mais surtout dans la seconde moitié, de médiocres poètes se mirent à faire des noëls à l'imitation du chantre de Bethléhem. Les recueils tombèrent dru comme grêle dans la Provence et dans le Comtat. Mais ces pauvretés littéraires ne servirent qu'à rendre plus éclatants le génie et la gloire de Saboly, ainsi qu'on le chantait dans un noël fameux, composé à sa louange vers la fin du siècle dernier :

> Que de nouvè
> Vous lou savè...

Victòri ! Victòri !
Hélas ! Soun toutei de travè
Hors d'aquelei de Saboly (*).

Assurément, s'il avait connu nos Félibres, le poète panégyriste n'aurait pas chanté ainsi. Pour notre part, nous sommes loin de vouloir faire ici le procès à ceux de nos poètes contemporains qui ont essayé ce genre de composition. Encore une fois, ils ont leur mérite très-incontestable. Nous voulons dire seulement qu'ils n'ont pas réussi à imiter Saboly qui, du reste, demeure inimitable.

(*) Ce noël eut un grand succès. Le premier recueil, à notre connaissance, qui l'a donné, est celui qui fut publié à Avignon par Domergue en 1763. Nous regrettons que les éditions récentes ne l'aient pas reproduit. Il faut dire qu'on n'a pas toujours rendu à Saboly ce tribut d'éloges. En 1840, paraissait un recueil intitulé : *La Lyre de Judée*. L'auteur, un certain J.-T. AVRIL, ose dire, dans la Préface, que « une des raisons décisives qui l'ont engagé à publier son livre, c'est que les amateurs chrétiens, *lassés des noëls de Saboly* (!) et des autres auteurs surannés, négligeaient ces sortes de cantiques devenus pour eux fastidieux. »

Ceux-ci, en général, ont une manière qu'ils affectionnent de préférence, c'est la légende, la ballade et l'élégie. Par là, ils semblent se rapprocher beaucoup des poètes espagnols avec lesquels ils ont des airs de proche parenté. Quelques-uns même paraissent descendre en droite ligne de Lope de Vega et nous récitent de délicieuses *tonadillas*. Mais, dans ces compositions, on sent je ne sais quelle préoccupation de faire beau et grand qui gêne le libre essor et exclut cette simplicité naïve qui est la grande qualité des œuvres de Saboly. Si l'on veut se rendre un compte exact de nos observations qu'on lise, parmi plusieurs autres noëls : *L'Ase de sant Jousè, Lou Langui, Lou Dissate, La Chato avuglo, Lis Innoucènt, Lis Esclau*, etc... (*) Ce sont là de fort belles compositions littéraires qui ont souvent le mouvement et l'éléva-

(*) Voir *Li Nouvè de Micoulau Saboly e dei Felibre*. (Avignoun, li Fraire Aubanel ; sans date.)

de l'ode ; mais, encore un coup, ce ne sont pas
des noëls.

Si nous avions à traiter ce sujet spécial des
œuvres de nos troubadours, après la part
très-juste des éloges et de l'admiration la
plus sincère, nous voudrions hasarder d'autres observations qui nous paraissent importantes.

Nous avons souvent entendu exprimer cet
étonnement que, tandis que la langue de Saboly est absolument la nôtre aujourd'hui, à
ce point que pas une expression ne nous
échappe, et qu'à deux cents ans de distance,
nous retrouvons dans nos usages les mêmes
locutions et les mêmes tours, certains Félibres, au contraire, mettent une affectation
savante à trouver le mot inconnu et le tour
difficile.

Cependant il est vrai de dire que cette observation s'applique peut-être moins aux noëls
qu'aux autres genres de leurs compositions.
Mais même dans les noëls il n'est pas rare de

rencontrer ce défaut. Ce défaut, je dis bien ; car c'en est un de n'être pas clair, et celui-là même qu'il faut éviter avant tout, disait Quintilien : *Nobis prima sit virtus perspicuitas.*

D'autres poètes, fort rares assurément, et qui ne s'asseoient qu'à la seconde table des Félibres, ont cru, en sens contraire, imiter le naturel de Saboly en imitant ses défauts. Ils font consister le mérite de leurs productions dans la vulgarité et quelquefois dans la grossièreté de l'expression. Si vous traduisez leur langage il ne reste rien sous ce mot grotesque qui a fait rire les gens de la rue ; et ce qui voulait être du sel gaulois n'est plus que de la trouille. Molière fait quelquefois du jargon ; que de pauvres auteurs sont venus ensuite, croyant imiter Molière parce qu'ils faisaient parler leurs personnages comme Lucette ou Nérine !

Je parle de défauts : je dois le dire pour servir la vérité tout entière, on en rencontre dans les noëls de Saboly. Il y a çà et là des expressions triviales, des façons et des tours vulgaires, des endroits faibles, des négligences provenant des difficultés de la rime. Tout cela, s'il témoigne de la spontanéité de son génie, n'en dépare pas moins plusieurs de ses compositions. On trouve des noëls qui sont faibles de conception ou sans intérêt. Il en est qu'on pourrait ajouter aux *Chevilles* de Maître Adam ; ils y seraient à leur place. Je signale le noël 17 comme étant un des plus faibles. Il y a des inutilités et des négligences qui en font une pauvre pièce.

J'en citerais d'autres si je ne craignais pas qu'on m'appelle profane, et si l'on ne devait me prouver qu'il y a tout un poème dans ce couplet ou dans ce vers que je dénonce. Néanmoins, quand je lis des vers comme ceux-ci :

> Pèr li dire,
> *Mai sèns rire...*

Ou bien :

> Ai vist en l'èr
> Un ange tout *verd...*

Ou bien encore :

> Moun Douièn e mei canounge,
> *Que son un pau mai de vounge...*

je dis, sans hésiter qu'il y a là une cheville
pour la rime (*).

(*) Puisque nous en sommes à ce mécanisme de la rime,
il faut citer un mot qui a embarrassé les critiques. Saboly,
dans le noël 65, faisant allusion au passage à Avignon du
Roi Louis XIV et des princes de sa cour, et imaginant qu'ils
sont les Rois de l'Orient qui viennent adorer le Messie, les
appelle *lei Prince de Jubarco* :

> Gracis ei prince de *Jubarco*
> Que nous an prouvesi d'un si brave patroun...

Mais quel est ce pays de *Jubarco* qu'on chercherait en vain
dans les cartes anciennes et modernes? Est-ce bien un pays
purement imaginaire? ou simplement un mot d'une tournure
orientale ou espagnole, comme le dit **M.** Deloye (Edit.
Seguin. Introd. p. L), inventé ou arrangé pour le besoin de
la rime? Evidemment le mot est arrangé. Toutefois, s'il
n'est pas une expression géographique, on ne saurait dire
qu'il soit inventé. Selon moi, *lei prince de Jubarco* sont les
princes mêmes de l'*Orient*, les rois de l'*Aurore*, de la *Lumière*. Le mot *Jubarco* ne peut avoir d'autre significa-
tion. Saboly a certainement emprunté cette expression à la

Enfin on trouve quelques irrégularités dans le mécanisme de la versification. Il n'est pas rare de trouver des vers qui n'ont pas leur rime correspondante. Dans le noël 48, toutes les strophes, à part la première qui seule est régulière, sont faites sur le modèle de celle-ci :

> Ai rescountra lou *Diable*,
> L'ai bèn proun counegu :
> Avié, coume une *cabro*,
> De bano sus lou su.

Quant au nombre de pieds, on trouve des

langue latine. En effet, *Jubar*, en latin, signifie proprement la lumière qui précède le soleil, ou l'aurore. C'est dans ce sens que ce mot est employé dans les hymnes liturgiques. Saint Ambroise dit :

> Præco diei jam sonat
> *Jubarque* solis evocat.
>
> > (*Hym. Laud. in die Dom.*)

Le poète Prudence dit de même :

> Sed cum *jubar* claresceret...

C'est-à-dire : Quand l'*aurore* commençait à poindre. (*Mélanges litt.* de Gorini, II, p. 8.)

vers de onze, de treize et même de quatorze syllabes (*).

Du reste, ces côtés faibles, que je signale en passant, ne saurait modifier en rien le jugement que nous avons porté sur les œuvres de Saboly. Pour quelques taches légères que l'on rencontre çà et là, les noëls n'en sont pas moins des merveilles qui feront l'éternel désespoir de ses imitateurs. Et telle est cette langue de Saboly, si originale par l'expression et le tour qu'elle ne défie pas seulement les imitateurs, mais encore les plus habiles traducteurs.

M. d'Ortigues dit, en parlant des noëls de

(*) De onze syllabes, comme dans le noël 38 :

Per paga la soumo à bèu denié coumtant.

De treize syllabes, comme dans le noël 22 :

Courrès, despachas-vous, venès vèire vitamen...

De quatorze syllabes, comme dans le noël 56 :

Durbès-me, siéu toutjala; boutas-me dins la fenièro.

Saboly : « Ne les traduisez pas : de la chose la plus vive, la plus touchante et la plus exquise, vous feriez la plus lourde et la plus plate. Il n'est pas plus possible de les traduire qu'il n'est possible de traduire les fables de La Fontaine (*). »

Cependant M. Charles Soullier, rédacteur de la *Chronique musicale*, que nous avons déjà cité, a tenté de le faire. Personne assurément n'était plus capable d'entreprendre un pareil travail. M. Soullier est de langue d'Oc et de la cité même où Saboly écrivait ses petits poèmes. De plus il est homme de lettres distingué. Si donc ce travail eût pu être tenté, il eût dû l'être par lui. Pour sa part, il n'hésite pas : il se met hardiment à l'œuvre, « s'attachant — c'est lui qui parle ainsi — à trouver dans les expressions et dans les tournures de la langue française un caractère d'originalité assez énergique pour lutter corps à corps avec

(*) *La Maîtrise*, 3e année, p. 116.

cette franchise parfois un peu rude de l'idiome provençal (*). » C'était promettre beaucoup. Mais les essais qu'il a publiés ne me paraissent pas heureux. On me permettra de donner quelques exemples de cette traduction qui, à proprement parler, n'est le plus souvent qu'une sorte d'imitation.

On sait tout ce qu'il y a de délicatesse, de joie naïve et de grâce dans le noël *Venès lèu vèire la piéucello* et surtout dans cette première strophe :

Venès lèu

Vèire la piéucello ;

Venès lèu,

Gentil pastourèu !

Soun Enfant es pu blanc que la nèu,

E trelusis coume uno estello.

Ai ! ai ! ai ! que la maire es bello !

Ai ! ai ! que l'Enfant es bèu !

(*) *Chronique musicale*, première année, 15 oct. 1873, p. 67 (Paris, rue Taitbout, 87). — Voir aussi *Douze noëls provençaux* traduits en français par M. Ch. Soullier (Paris, Gustave Avocat).

Voici comment M. Soullier traduit cet incomparable morceau :

> Venez donc gentes pastourelles,
> Venez donc, jeunes pastoureaux !
> *Venez voir le prodige nouveau*
> *Qui va marquer l'ère nouvelle.*
> Ah ! ah ! ah ! que la mère est belle !
> Ah ! ah ! ah ! que l'Enfant est beau !

Qu'est devenu et ce rhythme allègre et joyeux et la grâce de l'expression et cette douce *Piéucello* et cet enfant « plus blanc que la neige, éblouissant comme une étoile !... » Tout cela s'est évanoui sous la plume du traducteur.

Les beautés remarquables du noël 11 n'ont pas échappé à M. Ch. Soullier. Il a essayé également de les traduire.

Nous avons vu avec qu'elle élévation de pensées et quelle puissance de contrastes cette pièce est traitée, et combien y est saisissante cette image qui nous montre l'orgueil de l'homme « montée jusqu'à Dieu, là haut. » Voici comment M. Ch. Soullier traduit cet endroit :

> Puisque l'orgueil de l'humaine nature
> *Osa rêver une tour de Babel,*
> Un homme Dieu, pour réparer l'injure,
> Sur cette terre est descendu du ciel.

Est-ce assez moderne et assez littéraire ? Mais ce beau vers :

> Ero mounta jusqu'à Diéu amoundaut !

ne pouvait-il se traduire que par cette froide figure d'une Tour de Babel en rêve !

La 6ᵉ strophe est moins bien traitée encore. Le poète, s'adressant à l'auteur de la faute originelle, dit :

> Si tu vesiés, Adam, à ta presènço
> Lou Fiéu de Diéu mourri pèr toun amour,
> Pourriés bèn dire : Urouso es moun òufènso,
> Qu'a meritat un si grand Redemptour !

Cette apostrophe au premier auteur du péché, ce souvenir de la mort du Sauveur pour le rachat de l'humnanité, enfin cette étonnante et sublime pensée de la liturgie catholique si heureusement rappelée en cette circonstance : *Felix culpa quœ talem ac tantum meruit habere Redemptorem ;* tout cela n'est-il pas admirable dans ce noël ? Eh ! bien, voici comment et sur quel ton familier et presque plaisant, M. Ch. Soullier a interprété ce passage :

> *Si père Adam, lorsqu'il mangea sa pomme,*
> *Eût vu Jésus verser son sang pour nous,*
> *Il se fût dit : heureux le premier homme*
> *Dont le péché fit un Sauveur si doux !*

La tâche était-elle donc si difficile pour cette strophe qu'il fallût absolument la mal traduire ? Cependant nous avons une vraie traduction de ce noël, dans laquelle l'auteur, avec un goût très-sûr et sans le moindre effort, a rendu, autant qu'il était possible, les richesses du texte original. Je donnerai ici cette traduction de la même strophe, afin qu'on puisse la comparer avec celle de M. Ch. Soullier :

> Si tu voyais, Adam, à ta présence,
> Pour ton amour mourir un Dieu Sauveur,
> Tu pourrais dire : heureuse est mon offense
> Qui me mérite un pareil Rédempteur ! (*)

Je demande pardon d'insister ; mais je tiens à prouver qu'on a trahi Saboly plutôt qu'on ne l'a traduit. Je demande la permission de citer encore un exemple dans un autre genre. Je l'emprunte au noël si populaire : *Pastre, pastresso.* En voici un délicieux couplet, plein de naïveté :

> Lou piehot plouro
> Vous farié pieta, — pecaire !
> Li a mai d'uno ouro
> Qne noun a teta, — pecaire !

M. Ch. Soullier dit :

> L'Enfant qui pleure
> A faire pitié !
> Depuis une heure
> *Pour boire a crié.*

(*) Cette traduction a été publiée par le *Sonnetiste* du 1er janvier 1875.

Pour boire a crié est la traduction de *Que noun a teta !...* Je n'ajoute rien ; le lecteur jugera.

M. Ch. Soullier trouvera que nous sommes bien exigeant en pareille matière : cela est vrai. Il protestera qu'il est impossible de traduire avec une fidélité complète : nous en convenons. Cependant, s'il voulait faire goûter à ses amis de Paris cette littérature si originale des noëls de Saboly, et le dessein en est louable, était-il nécessaire de traduire en vers ? Selon moi, le désir de populariser les compositions musicales de notre troubadour provençal n'est pas une excuse, d'autant qu'il est fort difficile, parmi les airs qui ont été recueillis, de démêler ceux qui sont de Saboly de ceux qui n'en sont pas.

XII.

Comme appendice à notre étude littéraire,
il convient de dire quelque chose de cette
musique si populaire des noëls qui n'est pas
le moindre charme de ces merveilleux poèmes. Mais ce travail a été traité par M. Fr.
Seguin avec tant de compétence et de succès
que nous ne croyons pas qu'il soit possible de
rien essayer au-delà. Et, si nous n'avions
quelques réserves à faire, nous nous conten-

terions de renvoyer nos lecteurs à l'Introduction du *Recueil des Noëls.*

Il est certain qu'on ne saurait comprendre toutes les délicatesses de cette poésie des noëls de Saboly, qu'à la condition de ne les séparer pas de la musique. Les paroles sont, en effet, à ce point liées à la mélodie, qu'il n'y a qu'une vraie manière de les lire, c'est de les chanter, car Saboly, nous l'avons dit, est un vrai troubadour, un poète musicien.

Lorsque en 1633, le Chapitre de Carpentras le nomma recteur de la chapellenie de Ste-Marie-Madeleine, au maître-autel de St-Siffrein, son génie musical avait dû être pressenti. Et c'était peut-être afin de le conserver pour les fonctions si difficiles de maître de chapelle que le cardinal Alexandre Bichi, évêque de Carpentras, prélat distingué et ami généreux des arts, consentit à le pourvoir, malgré sa jeunesse (*), de ce bénéfice dont il

(*) Saboly avait alors dix-neuf ans.

ne devait percevoir les revenus qu'un peu plus tard, espérant, sans doute, qu'il le fixerait ainsi au siége épiscopal.

Pendant les années qu'il a passées à Carpentras, son talent a dû encore se perfectionner. La capitale du Comtat, en effet, était comme un centre artistique où se réunissaient des musiciens d'un haut mérite, car l'étude de la musique y était fort en honneur. On sait que c'est là, probablement dans une des salles du palais épiscopal, que l'abbé Mailly, maître de chapelle, fit représenter en 1646, avec l'agrément du cardinal Bichi, *Akébar, roi du Mogol*, le premier opéra qui ait été joué en France (*).

(3) Voici ce que dit, à ce propos, le P. Ménestrier : » Dès
« 1646, M. l'abbé Mailly, secrétaire du cardinal Bichi et
« excellent compositeur en musique, dont il a fait plusieurs
« petits traités fort utiles pour la méthode de chanter, se
« mit à chercher cette musique dramatique, que nous avons
« trouvée seulement depuis quelques années. Il fit dès lors
« à Carpentras où il était auprès de ce cardinal, quelques

Antérieurement à cette époque, déjà vers la fin du XV⁰ siècle, cette cité comptait des illustrations musicales. Elzéar Genet, un prêtre encore, qu'on a surnommé *Carpentras* ou *il Carpentrasso*, à cause du lieu de sa naissance, fut honoré pour son talent de musicien. Il fit partie de la chapelle pontificale sous le pape Léon X. Il écrivit pour cette chapelle, dont il était devenu le maître en 1515, des *Magnificat* et des *Lamentations* qui eurent un grand succès, non seulement de son vivant, mais longtemps encore après sa mort ; au point, dit M. Fétis, que, malgré la supériorité incontestée de Palestrina, il fallut un ordre exprès de Sixte V pour faire substituer les admirables *Lamentations* du célèbre har-

« scènes en musique récitative pour une tragédie d'Akebar,
« roi du Mogol, et il accompagna ces récits d'une sympho-
« nie de divers instruments, qui eut un grand succès :
« mais il ne trouvait pas pour lors dans notre langue ces
« belles dispositions au chant récitatif qu'on y a trouvées
« depuis. (*Des Représentations en musique anciennes et
« modernes*, p. 177.) »

moniste italien au contre-point un peu lourd de Genet. L'ouvrage des *Lamentations*, en particulier, lui valut la protection de Léon X qui le fit évêque *in partibus* le 1er novembre 1518. (*).

Profitant des moyens abondants de s'instruire qu'il trouvait dans un pays où les traditions musicales se perpétuaient, Saboly devint un musicien distingué et fut nommé, ainsi que nous l'avons dit, organiste et maître de chapelle de la cathédrale de St-Siffrein en 1639, à l'âge de vingt-cinq ans.

Ses premiers débuts suffirent pour établir sa réputation. Bientôt son talent fut connu un peu partout aux environs, et dès cette année 1639, les consuls des villes voisines l'appelaient pour « faire la musique » dans les solennités religieuses (**).

(*) Voir M. F.-J. Fétis (*Biogr. univ. des music.*).

(**) M. l'abbé Allègre, de Caromb. me communique la note suivante, qui est un précieux témoignage de ce que j'avance. On lit dans les *Comptes* de la commune de Ca-

Mais ni ces succès précoces, ni les faveurs du Chapitre, ni la considération dont on entourait sa personne ne furent des liens assez forts pour le retenir à Carpentras. Il fallait à son talent un théâtre plus grand. J'imagine encore qu'à une époque où les organistes étaient très-rares, Saboly dut être vivement sollicité par le Chapitre de St-Pierre d'Avignon. Peut-être aussi que de petits projets d'ambition, car on était alors un peu *courriers* de bénéfices, l'ont déterminé à venir se produire dans la capitale des Etats d'Avignon où siégeaient les représentants du gouvernement pontifical.

Quoi qu'il en soit, dès l'année 1643, il n'é-

romb; série CC-20, v. 21, f. 38, année 1639 : « Plus a esté admis aud. thrésaurier Peyre le payement par luy faict ledit jour vingt cinqui. septembre de quarante florins à Mons. Saboly maistre de musique de Carpentras pour ses peynes d'estre venu en cette ville le jour de Mons. St Maurice dernier à l'acostumée. Appert du mandat pour lui faict par ledit Mons. Arnoux consul. »

tait plus organiste de St-Siffrein et il faut croire
que déjà, à cette époque, il avait été nommé
maître de chapelle et peut-être bénéficier de
la collégiale de St-Pierre, à Avignon.

Dans ces fonctions d'organiste qu'il con-
serva jusqu'à la fin de sa vie, Saboly accrut
encore sa réputation de musicien ; de sorte
qu'il était presque célèbre lorsqu'il composa
les mélodies de ses noëls. Ces mélodies très-
supérieures à la plupart de celles qui étaient
connues de son temps, indiquent non seulement un talent vrai et original, mais encore
marquent une voie nouvelle et comme la
transition qui s'est opérée depuis le XVIIIe siècle entre l'ancienne tonalité et la tonalité har-
monique moderne dont l'influence irrésistible
a opéré toute une révolution.

Il est certain, et nous avons à cet égard le
témoignage de ses contemporains, que Saboly
composait souvent la musique de ses divers
poèmes ; mais, afin de ne rien exagérer, il
convient de dire que, parmi les noëls, la plu-

part de ceux qui ont été publiés portent en tête l'indication d'un air que le poète aurait emprunté à des mélodies connues avant lui. On compte à peine dix noëls dont les airs peuvent être avec certitude attribués à Saboly. Il est cependant probable qu'il en a composé un plus grand nombre. La tradition qui lui attribue la presque totalité de ces mélodies, si elle n'est pas une raison de certitude, doit être, ce me semble, de quelque poids. Mais à ne considérer même que celles dont l'authenticité n'est pas douteuse, on y trouve un tel caractère d'originalité et d'invention qu'elles prouvent surabondamment le talent très-remarquable de l'organiste de St-Pierre.

Ce qui fait l'attrait principal de cette musique, c'est ce mélange indéfini de la tonalité ancienne et de la tonalié moderne qui se heurtent un peu en quelques endroits et paraissent surprises de se voir unies et confondues en un même sujet. C'est aussi cet étonnement que produit la fraicheur du coloris avec une certaine sévérité de manière.

Le plus remarquable sous ces divers rapports est peut-être le noël 65 : *A la ciéuta de Betelèn*. Nous recommandons aux vrais amateurs l'étude de cette pièce qui offre des richesses incomparables. Le n° 1 : *Iéu ai vist lou Piemount*, quoique un peu travaillé, porte aussi le cachet d'une science musicale incontestable et mérite d'être lu avec attention.

Il en est qui sont surtout remarquables par le caractère simple et naïf qu'on retrouve dans les mélodies plus anciennes. Le charme en est précisément dans ce parfum d'antiquité et de rusticité qui fait rêver aux montagnes et à la vie pastorale. Le n° 2 : *Bon Diéu ! la grand clarta....* offre un exemple frappant de ce genre. La mélodie s'y développe dans le court espace d'une simple tierce de *fa* à *la*, le *si bémol* n'étant qu'une note de passage. Cependant il y a dans cette naïve cantilène un charme indéfinissable.

D'autres, au contraire, entrent en plein dans la tonalité et le rhythme modernes, comme le noël 45 : *Un ange a fa la crido.* Il faut surtout remarquer la première phrase qui est d'une grande haleine. Elle va pendant les quatre premiers vers de la strophe se développant peu à peu, mais puissamment. On dirait d'une entrée vive en style fugué prise dans quelque quatuor de Beethoven.

Quant aux autres noëls, il paraît que Saboly les a composés sur des airs que l'on chantait de son temps. Il faisait ainsi afin, sans doute, de les rendre plus facilement populaires ; et l'on sait, en effet, que ses noëls étaient partout chantés en même temps qu'ils étaient distribués.

Au reste, pour ce qui est de ces mélodies, bien qu'il les ait empruntées à ses devanciers, Saboly n'y a pas moins un très-incontestable mérite : celui d'avoir su trouver et choisir des airs qui répondent si bien à son sujet et à la forme de ses poèmes, Plus qu'on ne pense, ce

mérite est rare ; il suppose de sérieuses connaissances musicales. Pour s'en convaincre,
il suffit de voir quelles sottises incroyables
sont commises tous les jours par des musiciens, abbés ou autres, qui pensent qu'il n'y
a guère qu'à mesurer les pieds d'un couplet
et le rhythme musical d'une chanson pour en
décréter aussitôt l'union. Hélas ! les recueils
de cantiques sont remplis de ces mariages mal
assortis.

Quant à Saboly, il est maître dans ce genre
de travail. C'est ce qui a fait penser longtemps que toutes les mélodies de ses noëls
avaient été composées par lui aussi bien que
les paroles.

DEUXIÈME · PARTIE

EXAMEN DU MANUSCRIT

ATTRIBUÉ A SABOLY

Conservé à la Bibliothèque d'Inguimbert.

Notre travail sur Saboly ne paraîtrait pas complet si nous ne disions quelques mots d'un manuscrit très-curieux, conservé à la bibliothèque d'Inguimbert et attribné jusqu'ici au noëliste provençal.

Nous nous étions proposé d'abord d'en faire l'objet spécial d'une étude très-étendue.

Mais, après un long et sérieux examen, des doutes très graves nous sont venus, et notre foi en son authenticité a été ébranlée.

Néanmoins, il nous a paru utile de donner de cet ouvrage une appréciation, à cause de l'autorité des hommes compétents qui ont conclu au génie de Saboly, et parce qu'on y trouve un certain mérite et une certaine originalité, bien que, surtout dans les pièces françaises, de nombreux et injustifiables défauts le déparent.

A l'époque où M. Seguin préparait son édition des *Noëls, composés par Nicolas Saboly,* le savant M. Requien lui offrit son concours. Or, entre autres renseignements, il lui fit connaître « qu'il existait à la bibliothèque de Carpentras un manuscrit autographe de Saboly, dont la découverte était due à M. Richard (*).» Sur ce témoignage, M. Seguin publia, à la suite

(*) *Noëls de Nicolas Saboly,* édit. Seguin, introd. p. IV.

de son introduction, une série de noëls en langue provençale, tirés du manuscrit.

Selon M. Barjavel (*), cet autographe, en effet, portait sur une feuille détachée, une note écrite en avril 1836 de la main même de M. Richard, dans laquelle on lisait : « Ce manuscrit est incontestablement de Saboly, mais il a dû en exister d'autres, etc... »

Ce simple mot est, je pense, ce qu'on possède de plus considérable en faveur de l'authenticité de ce document. Il a été, depuis lors, le point de départ incontesté d'une foule de petits travaux dont les conclusions ont été toutes les mêmes.

M. Boudin, à son tour, reprenant cette thèse, avec son enthousiasme de poète et de provençal, et la développant un peu plus que les autres, n'hésite pas, même après examen des difficultés nombreuses du texte, à affirmer

(*) *Diction. bio-bibliographique*, art. Saboly.

que ce manuscrit : « est l'œuvre incontestable de Saboly. » Et, sur cette conviction absolue, dans sa notice biographique ajoutée au
Testament de Saboly, il mêle sans réserve, à la
vie du vieux Maître, tous les détails d'histoire
ou de vie privée consignés dans ce document
et personnels à son auteur (*).

Je pourrais nommer encore M. P. Achard,
une grande autorité en matière d'histoire locale, Roumanille, Mistral, etc... Ils ont tous
affirmé que l'ouvrage était écrit de la main
même de Saboly.

L'autorité de tels hommes est trop considérable pour que nous n'y ayons pas égard. C'est
pourquoi nous ferons une analyse un peu rapide des pièces contenues dans le manuscrit,
afin de permettre au lecteur d'y démêler, s'il
est possible, la main et le génie de Saboly.

(*) Voir le *Testament de Nicolas Saboly*, publié par
M. Boudin, p. 15. Voir aussi *Lou Soupa de Saboly*, du
même auteur, p. 7.

Ensuite, nous discuterons nous-même la valeur des témoignages portés en faveur de son authenticité.

L'ouvrage forme un petit volume in-4° et renferme des noëls et fragments de noëls provençaux, quelques noëls et fragments de noëls français, des pièces nombreuses en vers français, enfin quelques lettres en prose. Toutes ces diverses productions paraissent remonter aux années 1654, 1655 et 1656. Du moins ce sont les seules dates que l'on rencontre dans le cours du volume.

I

I

LES NOELS PROVENÇAUX (*)

L'auteur n'est pas poète de génie. — Quelques compositions remarquables : *Viras, viras de carrièro; Bonjour, bonjour bello bregrado*. — Un noël inédit. —
Le *Guihaume, Tòni, Pèire* à l'état de composition.

La plupart de ces compositions sont inache-
vées et incorrectes. Parmi les fragments de
noëls, on rencontre de simples essais de quelques vers seulement, très-imparfaits et quelquefois insaisissables. Evidemment l'auteur

(*) Voici l'indication des noëls provençanx avec la pagi-
nation du manuscrit : *N'i a segur fils de bono maire*, p. 26.
Se li a quauqun au mounde, p. 40. *La naturo e lou pecat*,
p. 43. *Guihaume, Tòni, Pèire*, p. 44. *N'es pas sèns causo*,

n'avait ni cette fécondité ni cette spontanéité qui sont la fortune des noëls de Saboly. Le travail lui est pénible, dur, et finit par le lasser jusqu'au découragement. Ce volume est rempli de pièces mises sur le métier et abandonnées ensuite, après un labeur de cinq, dix et vingt pages. Lui-même, du reste, ne craint pas d'avouer qu'il fait des vers contre son naturel et contre son pouvoir. C'est ce que je lis dans une lettre d'envoi au marquis de Saint-Auban, au sujet d'une pièce dithyrambique composée en son honneur. Après l'avoir assuré de son admiration pour ses hauts faits et de son ardent amour pour sa personne,

p. 48. *Quinto bugado*, p. 49. *Bonjour, bello bregado*, p. 85. *Fau que l'envejo me passe*, p. 147. *L'autre jour veniéu dòu champ*, p. 170. *Vous autrei anas de tastoun*, p. 169. *Plan, plan, tout beau !* p. 190. *Despièi l'aubo dòu jour*, p. 204. *Vièi Rabin*, p. 208. *Se li a quauqun que doute*, p. 209. *Sian eici dous enfant de cor*, p. 210. *Iéu siéu Thoumas*, p. 215. *Un mazet plen d'aragnado*, p. 216. *Enfin Diéu es vengu*, p. 216. *Bourtoumiéu me vos-tu crèire?* p. 217. *Li a un certain drillo*, p. 217.

il dit : « Cette passion s'est rendue si puis-
« sante sur mon esprit, qu'elle m'a fait ha-
« sarder de faire le poète pour vous paraître
« reconnaissant... Ainsi, Monsieur, j'ai entre-
« pris de faire des vers contre mon naturel et
« contre mon pouvoir (*). »

Je pense bien que le poète a voulu faire
croire à un peu plus de modestie que de vérité; mais il n'importe, le jugement est parfait.
Cet homme n'est pas poète, et, quand il fait
des vers, il fait plus qu'il ne peut.

Cependant, parmi les noëls publiés par M.
Seguin, il y a assurément quelques pièces di-
gnes de remarque. Mais la plupart, malgré
l'attrait que peut leur donner cette séduisante
toilette d'une impression très-belle sur un
très-beau papier, me paraissent faibles. J'ose le
dire ainsi, bien qu'un jugement plus favorable,
je le sais, ait été porté, que j'explique facilement par cette pensée arrêtée d'y trouver la
touche et le faire de Saboly.

(*) Ms. p. 122.

Le faire de Saboly! Non. C'est bien sans doute le même langage; il y aussi quelque chose des habitudes du Comtat; mais ce n'est point le génie du Maître, comme il est facile de s'en convaincre. Au contraire de ceux de Saboly, les sujets qui sont ici traités ne se distinguent guère par la variété ni par le mérite de l'invention. Il n'y a, à proprement parler, qu'une seule idée dans les dix-huit pièces du manuscrit. C'est presque toujours un voisin ébahi que le noëliste cherche à convaincre de la vérité de la naissance du Sauveur, ou bien c'est un juif opiniâtre qu'il veut arracher à la synagogue; tout est là. Quant au plan et à la disposition du sujet, il est difficile de saisir quelque chose qui paraisse de l'ordre et de l'unité. Ainsi le noël *Fau que l'envejo me passe* est d'une bonne facture, il est plein de vivacité, le rhythme y est parfait. C'est peut-être le seul qui rappelle la manière de Saboly. Mais combien les strophes sont inégales de style! je cite :

. . . .
Veici lou fils de Diéu.

Es dins uno cabaneto
Ount li a ni fio ni caléu.
Si vous lou vesias quand teto,
Es plus poulit qu'un soulèu.

Cela est plein de grâce, en vérité. Mais un peu après, vient ce couplet sans suite au sujet, sans liaison d'idées, et faible à ce point qu'on ne le dirait pas écrit de la même main :

De matin quatre o cinq pastre
Me soun vengu counsoula :
M'an dist qu'an vist quauqueis astre
E qu'un ange li a parla.

Cependant il y a quelques compositions qui sont belles. *Viras, viras de carriero* est une pièce qui mérite d'être citée. Le début appartient à l'ode :

Viras, viras de carriero,
Bèu soulèu, paire dòu jour !
N'acabès pas voste tour.
L'aubo, vosto messagiero,
Emé sonn ten argentin
Vous dira quinto lumiero
Elo a vist de bon matin.

Et cette dernière strophe, n'est-elle pas ravissante par la grâce et l'air de fête qui y règne ?

> Terro, que vous sias urouso !
> Vosto glori me ravis !
> Prenès vostrei bèus abis ;
> E pièisqu'un Diéu vous espouso,
> Flourissès lèu voste iver !
> Pèr parèisse mai jouiouso,
> Vestissès voste abi vert.

Il faudrait citer aussi : *Bonjour, bonjour bello bregado*. Cette pièce écrite en forme de dialogue est, selon moi, la plus parfaite du manuscrit. Un passant, un berger sans doute, rencontre une troupe joyeuse de pâtres endimanchés et tout en fête, *uno bello bregado* : « Eh ! où allez-vous d'aussi bonne heure, leur dit le passant ? — Nous allons voir l'accouchée qui a fait un Enfant tout divin. » Il y a ici une lacune ; puis l'interlocuteur reprend :

> Vount èi lou sejonr amirable
> D'aquel Enfant ? Disès vount èi ?
> — Soun séjour èi dins un estable,
> N'es-ti pas bèn loujat en rèi !

> — Quau lou nourris e quau l'abiho ?
> Quau a souin de sa majesta ?
> — Se nourris dòu la d'uno fiho,
> S'abiho de sa nudita !...
>
> — Fasès-m'un pau quauco pinturo
> D'aquéu miraculous Enfant. ·
> — Li a rèn de tau dins la naturo
> Ni dins ce que leis ome fan !

Il y a là une grande pureté de lignes et une grande sérénité de couleurs. J'aurai peu dit en affirmant que ce passage est digne des plus belles idylles de Théocrite. Un souvenir me vient qui vaut mieux, et je préfère. comparer cette fraiche et délicieuse composition à cette hymne antique, si pleine de poésie et d'allégresse chrétienne, qui se chante à la messe du saint jour de Pâques et qui commence par ces mots : *Victimæ paschali laudes*. Elle est comme un reflet de cette strophe si douce et si naïve :

> — *Dic nobis, Maria,*
> *Quid vidisti in via?*
>
> — *Sepulchrum Christi viventis*
> *Et gloriam vidi resurgentis ;*
> *Angelicos testes...*

— *Scimus Christum surrexisse*
A mortuis vere.

Les autres compositions n'ont pas à beaucoup près ce mérite. On y remarque quelques passages saillants, des traits mordants, mais qui ne sont pas toujours d'un goût très-sûr (*). Il y a aussi deux ou trois pièces qui ne man`quent pas d'une certaine originalité, parmi lesquelles il faut remarquer le noël *Vous autreis anas de tastoun* (**). En voici un fort joli couplet ; le pòète s'adressant aux astronomes, leür dit :

> Vous austreis anas de tastoun
> Sus vosto boulo de cartoun
> Que fasès virouia sus dous petits encastre ;
> E segur n'avès pas nouta
> L'astre d'aquesto nucch ; anas trouba lei pastre
> Que vous n'en diran lèu la puro verita.

(*) Dans le noël *Enfin Diéu es vengu,* on lit cette apostrophe aux juifs :

> Anas, paurei bèstiau, anas auprès de l'ase,
> Noun vous desplase,
> Merita pas aquel ounour
> Que d'un cop de pèd vous descrase,
> Se noun recouneissès Jesus noste Segnour.

(**) Ms. p. 169.

M. Seguin n'a pas publié toutes les pièces provençales du manuscrit. Il reste encore quelques fragments et un noël qui paraît achevé. Cette dernière composition est très-incorrecte, et c'est là probablement la raison pour laquelle elle n'a pas été recueillie. Néanmoins nous la donnons tout entière ici, parce-qu'elle mérite d'être distinguée.

Le poète s'adressant « aux vieux rabbins et docteurs de synagogue » et voulant les convaincre de la venue du Messie, leur dit qu'il faut enfin se rendre, puisque s'est accompli ce qui avait été prédit par les Ecritures et par les Sibylles, « car Dieu rend féconde la virginité ». Tel est le sujet de cette pièce.

> Vièi rabbin, dòutour de synagoguo,
> Sarés-vous toujour tant endurci,
> De crida em'uno voues de doguo
> Qu'espera lou rèi dei circounci !
> Sias bèn avugla, paurei capèu jaunes !
> E tu, Satanas, faudra que descaunes :
>   Ce que vous an predi
>   Lei Sibyllo
>   Tant habilo,

Tant sutilo,

Pèr escri,

Se trouvo aro la verita,

Car Diéu rènd touto fecoundo la virginita.

Legissès toutei vostei proufèto ;

Fulietas lei libres e la lèi :

Vous vèirés toutei causo coumpleto

E maudi siegue qu noun lou crèi !

Vous an-ti pas dis qu'un fils sènso paire

Devié naisse un jour d'uno Vierge-Maire ?

Disias : n'ei que cansoun,

Babiolo

Deis escolo !

Testo folo,

Sèns resoun !...

Aro vesès la verita,

Car Diéu rènd touto fecoundo la virginita.

Amoussas lei lampo deis escolo,

Paurei gènt, sias certo bèn badau !

Mangès plus d'aquéu pan de còudolo,

Leissas plus velha vostei fanau.

Tout ce que fasès noun vous sert de gaire,

Se vous noun cresès qu'uno Vierge-Maire

Tout aro vèn d'accoumpli,

En naturo,

La figuro

Touto puro

Dòu Messi.

E chascun vèi la verita

Car Diéu rènd touto fecoundo la virginita.

Mai pièisque noun lou voulès pas crèire ,
Pèr sourti de vostre avuglamènt,
Cresès-me, tachas de l'ana vèire :
Vole gis de plus fort argumènt.
Quand veirés seis ue, sei man, sa bouqueto ;
Quand regardarés la mama que teto !
    Iéu vous vole gaja,
       Quau l'assage
       Que siè sage ,
       Soun visage
       Li dira
Que jamai devès plus douta ;
Car Diéu rènd touto fecoundo la virginita.

Bourtoumiéu nous autrei sian bèn nescis ;
Lei Jasiòu se plason à l'abus :
An ausi : *Gloria in excelsis*
Et in terra pax hominibus ;
An vist sus lou fèn lou fils de Mario,
Un ange li a dis qu'èro lou Messio ;
    Diéu mème li a permés
       De lou vèire
       Pèr lou creire :
       . . . .
       Li an pas fés. . .
Cresèn dounc, leissèn leis ista,
Que Diéu rènd touto fecoundo la virginita.

Presque tous ces noëls, dont la plupart ne
sont que des essais, seraient inconnus si la

pensée n'était venue à M.Seguin de les joindre à ceux de Saboly dans sa grande édition. Il en est un pourtant qui avait vu le jour ; aujourd'hui encore il est chanté et est populaire à l'égal de ceux de Saboly. La tradition, du reste, depuis son apparition dans le cahier publié par Chastel, en 1704, l'a constamment attribué au noëliste de Monteux. Nous voulons parler du *Guihaume, Tòni, Pèire*. Toutefois une seule chose est certaine, c'est que ce noël appartient à l'auteur du manuscrit. Il se trouve là absolument à l'état de *brouillon*, dirai-je, et dans le travail même de la composition. Les couplets y sont essayés, corrigés, effacés, puis enfin reconstruits.

En raison de la grande popularité de ce noël, nous avons pensé qu'il serait curieux de donner les procédés de composition de l'auteur. Voici comment il conçoit la première strophe.

> Guihaume, Tòni, Peyre,
> Jaque, Glaude, *Pon, Michau,*
> Que chascun vèngue vèire
> *A moun pous s'ièu sièu malau.*
> *M'imagine...*

Il s'arrête là. Il efface *Pon*, *Michau* et écrit au-dessous : *Nicoulau*. L'expression *m'imagine* ne le satisfait pas non plus ; il y substitue : *Bessai rave*. Mais le sujet ne se féconde pas. Il abandonne cet essai et construit son couplet tel que nous le chantons :

Guihaume, Tòni, Peyre,
Jaque, Glaude, Nicoulau,
Vous an jamai fa vèire
Lou soulèu que pèr un trau :
Venès vite ! Qu'aquesto fés (*)
Lou veirés
Tant que voudrés
Per mai de dous ou trés.

(*) Il faut remarquer la construction de ce vers et du vers correspondant à celui-ci dans les autres strophes. Aucune édition, à notre connaissance, n'a reproduit exactement la leçon du manuscrit. Elles disent toutes :

Venès vite, venès vite,
Qu'aquesto fés....

Cette manière d'écrire est évidemment fautive. De cette sorte, en effet, il y aurait, dans chaque strophe, un vers qui n'aurait pas de rime correspondante. La vraie manière est évidemment celle du manuscrit qui est correcte. C'est l'air du noël qui oblige à répéter la première moitié du vers.

Au quatrième couplet il commence à écrire :

Aquello voues m'estouno !
A traver de moun chassis
Ause l'ange qu'entouno :
Gloria in excelsis
Et in terra... Tòu ! patatòu !
Saute au sòu
De mon linçòu,
E li cride : li vòu !

Dès le premier vers le poète se trouve arrêté;
il efface et dit :

Sènso vèire persouno...

Le dernier vers lui paraît faible aussi ; il cor-
rige et met à la place :

E courre coume un fòu.

Combien la correction vaut mieux !

Il entreprend le couplet suivant qu'il abandonne à moitié chemin :

Anèn dounc, camarado,
Anèn vèire la jacènt :
Li jougaren d'aubado.
E diren touteis ensèn :
Jubilate, vou la cansoun
De Soun, soun...

Il efface les deux derniers vers. Mais s'apercevant qu'il arrive trop vite au dénoûment, il abandonne ce couplet qu'il remplacera tout à l'heure par *Courrès, courrès, bregado* et ajoute cette strophe :

> Ai vist, noun vous desplase,
> Un enfant dessus lou fèn,
> Un ome, un biòu, un ase,
> A l'entour d'uno jacènt.
> Que de joio ! Dins aquéu lio
> Fan triò
> *Auprès dòu fio*
> E l'ase fai hi ! ho !

L'avant dernier vers : *Auprès dòu fio* ne se trouve dans aucune des éditions qui ont reproduit ce noël. C'est, sans doute, par un scrupule légitime des éditeurs, qui n'ont pas voulu que cette pauvre crèche parût avoir le confortable d'un bon feu. Peut-être l'auteur avait-il lui-même effacé cet endroit avant de livrer le noël pour être chanté. Quoi qu'il en soit, pendant longtemps on a simplement retranché ce vers qui paraît être un non sens. Ce n'est que plus tard, seulement dans les éditions qui ont paru au commencement de ce siècle, je pense, qu'on l'a remplacé par cette leçon :

E pèr ecò
L'ase respond : hi ! ho ! (*)

Vient ensuite le dernier couplet : *Courrès, courrès bregado...* qu'aucun éditeur n'avait donné et que M. Seguin, le premier, rétablit d'après le manuscrit.

(*) La première édition, à ma connaissance, qui porte ce vers, est l'édition publiée à Avignon par Offray en 1802. Celle qui fut publiée à Carpentras en 1803 reproduit la même leçon.

II

II

NOELS FRANÇAIS (*)

Le manuscrit contient quelques essais de
noëls français. Ces quelques compositions
n'offrent rien de remarquable, si ce n'est une
certaine afféterie et un accent de mauvais goût
qui rappellent les procédés littéraires de la fin
du XVIe siècle ; une seule pièce a quelque
valeur, malgré une affection puérile du contraste et de l'antithèse. En voici quelques strophes qui méritent d'être citées :

(*) Voici l'indication de ces diverses pièces : *O miracle
nouveau*, p. 42. *Délices des mortels*, p. 46. *Divin agneau*,
p. 165. *Objet de gloire*, p. 166. *Allez, grand Roi*, p. 197.

O miracle nouveau !
O heureuse adventure !
L'autheur de la nature
S'est réduit au berceau.
Né de sa créature !
O miracle nouveau !

Par un excès d'amour
Qui n'a rien de semblable,
Un Dieu dans une estable
Vient faire son séjour,
Et se rend misérable
Par uu excès d'amour.

Prodigieux effet
De la Toute-Puissance !
On voit la Providence
Qui demande du laict !
L'Eternel dans l'enfance !...
Prodigieux effet !...

Le reste ne vaut pas qu'on en fasse mention.

Le noël : *Objet de gloire et de puissance,* est du plus mauvais goût. Toute cette composition est écrite dans le style des madrigaux de l'époque. Ce sont des stances adressées à l'Amour ; lequel poursuit et blesse le divin Enfant « des coups de sa flesche. » On y lit des vers comme ceux-ci :

> Amour, Amour, puisque ta flamme
> Brûle son âme,
> Modère un peu ta cruauté.

Et encore :

> Tu fais que Dieu pleure et soupire
> Sous ton empire,
> Et qu'il brûle dans les froideurs.

Tout est ainsi de cette fadeur insupportable.

III

III

PIÈCES EN VERS FRANÇAIS (*)

L'auteur et les poètes du XVIᵉ siècle. — Ses manières prétentieuses.— Mélange du sacré et du profane. — Elégie à Madame de Clermont. — La *Nymphe de la Seine*, de Racine. — Procédés de composition. — Pièces dans le genre fugitif et badin.

Les pièces en vers français tiennent la plus grande place dans le manuscrit. Il y en a de

(*) Voici la liste de ces diverses pièces :
Vers à la louange des religieuses de Tullins, p. 1. — Anagramme sur le nom d'Isabeau Charlotte de Chaste, p. 7. — Conjouissance à Madame de Clermont, p. 11. — Epître badine à M. Roubin, p. 30. — Aux Dames de Tullins, en réponse à une demande noëls, p. 61.— Essai d'un cantique

toutes sortes; mais, à l'exception d'une ou deux
qui affectent le genre grave et presque solen-
nel, elles sont toutes composées sur le genre
le plus léger possible. On trouve des épîtres
badines, des acrostiches, des anagrammes,
des rondeaux, des épithalames, des satires. On
y trouve même l'élégie ; non pas la plaintive
élégie : l'auteur du manuscrit n'aime pas les
longs habits de deuil et les cheveux épars. Ici
l'élégie est rieuse, légère et n'a pas de tenue.

sur les playes de Notre-Seigneur, p. 73. — Acrostiche sur
le nom de Anne-Marie de Parissole, p. 78.— A Mademoiselle de Bouqueran, sur son mariage, p. 81.— La noce de
la belle Iris. Epithalame pour Mademoiselle de Bouqueran,
p. 87.— Acclamations publiques à M. le marquis de Saint-
Auban, p. 91.— Essai d'une ode à Cloris, p. 118. — Im-
promptu à M. Roubin, p. 120.— Le songe accompli ou épi-
thalame pour M. de Vermenton et Mlle sa femme, p. 124.
— Sur le trépas de noble et égrège personne M. Paul-An-
thoine Chrestien, docteur régent de la Faculté de médecine
d'Avignon, p. 184. — Divers essais, rondeaux, épitaphes,
etc... p. 181.— Epître badine à Madame ... pour le jour de
l'an, p. 202. — Epître à M. Roubin, au Saint-Esprit, p.
220.— Epître en vers burlesques, à un intime ami, p. 228.

L'auteur a tout le mauvais goût des poètes du XVIe siècle ou du commencement du XVIIe, sans avoir la moindre de leurs qualités, et je m'étonne qu'un des biographes de Saboly, lui attribuant ce manuscrit, ait pu dire, au sujet des compositions françaises que nous examinons : « Sa muse essayait quelquefois d'échanger la cornette et les basques de provençale pour la coiffure à la Vallière et la robe de soie ornée de saphirs. » Il n'y a, en vérité, là dedans, rien qui ressemble à de pareils ornements. Nous n'y avons trouvé, pour notre part, que des pauvretés et des haillons. Une seule chose est saillante, c'est le ton d'afféterie, plus qu'italienne, qui laisse bien loin derrière lui ce que Etienne Pasquier appelait des *Mignardises*, en signalant le défaut national de son temps. On dirait, à lire ces choses, que l'homme qui les a produites a été de la valetaille d'une de ces dames de l'hôtel Rambouillet, au plus mauvais jours des Précieuses. Je veux donner quelques exemples, afin qu'on ne m'accuse pas de trop de sévérité dans mon jugement. Voici ce qu'on lit dans la première pièce adrèssée aux dames de Polémieux, de la Tyvolière, du Gade, de la Ferrière et de Béranger, religieuses du couvent de Tullins.

> Si les rois d'Orient vivaient dedans cet aage,
> Leur esprit prophétique auraient veu le présage
> Qu'ils cogneurent aux feux d'un astre cristallin.
> Et, sans ce clair flambeau, je veux croire sans doute
> *Qu'ils auraient disputé si c'était mieux leur route*
> *D'aller en Bethléem que d'aller à Tullin.*

Il subissait ainsi le mauvais goût jusqu'à ce mélange monstrueux du sacré et du profane. On avait cette sacrilége manie dans le siècle qui avait précédé. N'est-ce pas Mellin de Saint-Gelais qui inscrivait un compliment d'amour sur un livres d'heures d'une pénitente ? L'auteur du manuscrit va quelquefois plus loin que Saint-Gelais. Il ne nous convient pas de donner, de tout ce que nous avançons, des preuves trop évidentes, bien qu'il fût très-

facile de le faire. Cependant, il nous paraît bon
d'affirmer que, tandis que l'émotion religieuse
est la flamme vive qui anime les productions
de Saboly, celui-ci ne touche au sentiment
chrétien que pour le déflorer ou plutôt le dé-
grader. Les sujets les plus sacrés ne peuvent
lui inspirer autre chose qu'un amour profane et la flatterie la plus fade.

> O vous qui sous de sombres voiles
> Cachez des esclats nompareils,
> Et qui ressemblez des soleils
> Parmi l'empire des estoiles....

C'est ainsi qu'il écrit aux Dames de Tullins.
Je sais que pour expliquer, sinon pour justi-
fier ces affectations de langage, il faut se reporter au temps où vivait l'auteur. A cette
époque, ce laisser-aller, cette légèreté des
paroles, ces façons de galanterie n'étaient que
trop de mode, à ce point même qu'il ne faut
pas trop s'étonner de les voir pénétrer jusque
dans les monastères de religieuses.

L'élégie à Madame de Clermont, à l'occasion de sa profession religieuse, n'est pas seulement une pièce difficile, péniblement travaillée et se traînant l'espace de près de vingt pages, elle est encore une composition détestable, pleine de compliments fades et de passions mauvaises. Le poète y célèbre non pas tant les vertus de la jeune novice que les attraits de sa beauté. Il l'appelle Philis :

> C'en est donc fait, Philis, le ciel vous a ravie !
> La terre n'a rien eu digne de votre envie.

Suit une description de la cérémonie de la prise de voile :

> Elle approche l'autel... Le marbre dans sa glace
> Ressentit mille feux à l'objet de sa face...

Enfin, le prêtre étend sur sa tête le sombre voile qui va dérober sa beauté : le poète s'écrie :

> O cieux, que faites-vous ! Faut-il que ce visage
> Comme un astre éclipsé soit couvert d'un nuage.

. . . .

Amours, grâces, appas, feux, douceurs, attraits, charmes,
Employez à ce coup la force de vos armes.

. . . .

Unissez vos esclats pour bannir ces ténèbres ;
Eloignez de Philis ces ornements funèbres ;
Elle qui dans l'esclat que sa beauté produit,
Semble un jour éternel qui n'a jamais de nuit.

Mais l'antithèse qu'il poursuit pendant de
longs vers, à laquelle il revient sans cesse
sans jamais réussir, c'est celle qui consiste à
associer, dans une même idée, la nuit et le
soleil. C'est son grand effort :

Je vous dirai, Philis, que dans cet appareil
Les ombres comme vous valent bien un soleil.

L'opposition ne lui paraît pas encore assez
forte. Il y revient un peu plus loin ; et, ren-
chérissant sur l'idée précédente, il dit, s'a-
dressant toujours à la novice :

On voit en vous l'effet d'un si rare miracle

. . . .

Que de quelque bandeau que vos yeux soient couverts,
Il semble que leurs feux éclairent l'univers.

Puis, corrigeant de nouveau, il ajoute :

On ne saurait vous voir dans ce sombre appareil
Sans croire que la nuit ne s'unisse au soleil.

Que dire de cette alliance inimaginable de la nuit avec le soleil ! Or, voilà pardessus tout, où tendent ses efforts. Il faut qu'il arrive à cette antithèse bizarre. Il y revient vingt fois pour aboutir finalement à cette monstruosité :

Pour cacher aux mortels l'esclat qu'elle produit,
D'un voile injurieux il (le ciel) ombrage sa face;
Mais, par les seuls attraits de sa divine grâce,
Elle semble un soleil qui brille dans la nuit.

J'ai insisté sur ce procédé de composition, par ce qu'il m'a semblé qu'un tel poète, dont le tour est si alambiqué et la manière si prétentieuse, ne pouvait être le même que le chantre de Bethléhem, qui a écrit avec tant de simplicité, de naturel et de foi naïve, ces admirables poèmes : *Lei Nouvè.* Même dans les noëls provençaux que j'ai signalés comme étant des œuvres de mérite, cette simplicité et cette naïveté de la foi chrétienne ne se rencontrent presque pas. Qu'on veuille bien le remarquer, il y a dans ces compositions une tendance telle à produire de l'effet par l'antithèse et l'exagération des idées, qu'on voit bien que c'est là la seule préoccupation de l'auteur.

Et cependant, si nous n'avions en face de nous que ces défauts et ces affectations de style, il serait peut-être possible de faire notre paix avec cet étrange poète, car enfin les défauts qu'on peut remarquer, la longueur des tirades, l'allure pompeuse et affectée du langage ; ces expressions : *vos yeux, votre âme, flamme, larmes, charmes*, et ces grandes antithèses de nuit et de soleil; toutes ces fadeurs, en un mot, étaient entièrement du goût de cette époque, où l'on avait étudié les lettres dans les romans de Mlle de Scudéry. Aucun des auteurs les plus en renom de ce temps n'a échappé à l'empire de cette vogue. Racine lui-même a payé le tribut à son temps. Pour s'en convaincre, il faut lire *la Nymphe de la Seine,* qu'il composa à l'occasion du mariage de Louis XIV avec Marie-Thérèse (9 juin 1660). L'illustre poète avait alors vingt-un ans. La Nymphe, s'adressant à la reine, disait :

> La terre sous vos pas devient même fertile
> Le soleil, étonné de tant d'effets divers,
> Eut peur de se voir inutile
> Et qu'un autre que lui éclairât l'univers !

Jean Chapelain, l'arbitre souverain de la littérature à cette époque et Charles Perrault, autre grand aristarque, donnèrent une entière approbation à la *Nymphe de la Seine.* Le ministre Colbert récompensa le poète par une gratification de cent louis.

Dans un sonnet qu'il fit au mois de septembre de la même année, sur la naissance d'un fils de M. Vitart, intendant des propriétés du duc de Chevreuse, Racine transforme l'enfant en un soleil qui efface la clarté du jour :

> Un astre tout nouveau vient de luire en ces lieux.
> Belle Aurore, rougis, ou te cache à nos yeux !
> *Cette nuit un soleil est descendu des cieux.*

Qu'elle singulière conformité d'idées et de manière ! On retrouve là, non seulement les tours, mais encore les expressions de l'auteur du manuscrit.

Telles étaient ces façons ambitieuses et cette manie de mettre le soleil partout sous ce règne naissant du Roi-Soleil.

Si donc nous n'avions que ces défauts à relever, nous lui trouverions peut-être une place parmi les poètes de son temps. Mais, nous l'avons dit, c'est ce qui est essentiel qui lui manque le plus : cet homme n'est pas poète. Cette faculté créatrice d'où jaillit le vers, comme la flamme du foyer, il ne l'a pas. Son sujet ne naît pas de son âme, ni la forme pour le vêtir de son imagination qui est stérile. Tout est fabriqué péniblement avec la prétention de faire une œuvre grande. De plus, il n'y a pas de plan du sujet, ni aucune harmonie des idées ; il n'y a que le bruit du marteau sur l'enclume que l'ouvrier bat avec fatigue ; et toute l'habileté de l'auteur est à mettre en œuvre des moyens factices, préparés d'avance comme les ficelles du charlatan.

Ayant l'ambition des grandes pensées et des traits nouveaux, il note et ramasse, au préalable, les idées ou les sentences qui peuvent produire quelque effet ; il cherche les grandes métaphores, quelques citations frappantes d'histoire ou de mythologie. Ainsi, quand il entreprend de composer la pièce dithyrambique en l'honneur de M. le marquis de Saint-Auban, ce qui le préoccupe d'abord ce n'est pas le plan de son sujet, mais le soin de noter les pensées et les traits ambitieux dont il pourra se servir.

Je reproduis ici cette mise en œuvre :

PENSÉES POUR LES DÉSORDRES DES GENS DE GUERRE

« SOLDATS. — Il semble qu'après avoir sucé le laict, ils aient voulu arracher la mamelle. »

« On dit que le tonnerre ne frappe que sur les

arbres les plus superbes; mais la foudre de la désolation est tombée sur les plus petits arbres. »

« M. DE SAINT-AUBAN. — Il avait les yeux et le cœur pour le peuple et les bras pour les ennemis. »

« Plus le soleil est haut et moins il fait d'ombre sur la terre. »

On retrouve ensuite ces diverses pensées dans le cours de la pièce; je ne citerai que ces quelques vers :

> Ces soldats. .   .   .   .   .   .
> Avaient des âmes si cruelles
> Que, pour oublier ce bienfait,
> Ils voulaient couper la mamelle,
> Après avoir sucé le laict ! (*)

Il y a une chose singulière que je veux noter encore pour bien marquer l'abîme qui sépare l'auteur du manuscrit du chantre de Bethléhem ; c'est que, à cette imagination de religieux, ce sont les sujets religieux qui vont le moins. Parmi ces compositions que nous

____

(*) Ms. p. 106.

examinons, l'auteur a essayé de travailler un cantique sur les *Playes de Notre Seigneur* (*). Un tel sujet eût pu inspirer quelque chose au moindre petit poète ayant une étincelle de foi chrétienne. Celui-ci y fait de vains efforts. Il entasse les hyperboles, met en opposition de grands mots; et après avoir placé sur le métier quatre ou cinq couplets qu'il ébauche à peine avec grand travail, il abandonne son dessein, incapable qu'il est de trouver une seule pensée chrétienne.

Mais la plaisanterie lui est plus facile. On trouve parmi les pièces écrites dans le genre badin, des traits piquants, de bonnes saillies. Malheureusement tout cela est noyé dans d'interminables longueurs et beaucoup de fatras (**). Mais enfin, il est juste d'avouer que la verve comique et la grosse farce vont bien

---

(*) Ms., p. 73.

(**) Dans une pièce, il met deux cents vers pour s'excuser de n'avoir pas écrit depuis longtemps.

à cette nature mal faite pour les sujets graves et sérieux. Aussi les pièces les plus légères sont elles les plus nombreuses.

On trouve plusieurs petits poèmes du genre fugitif : des rondeaux, un acrostiche à Madame Isabeau-Charlotte de Chaste, dont il décompose ainsi le nom : *charitable, chaste, dévote.* Voici un passage de cette pièce qui voulant être sérieuse porte le caractère de toutes les œuvres avec ces éternelles antithèses de nuit et de soleil et ces flatteries de mauvais goût que nous avons signalées :

> Le ciel qui l'a fait voir dans des habits célèbres,
> Semble avoir allié le jour et les ténèbres
> Et faire qu'un soleil brille dans une nuit.
> Sous ce noir vêtement comme sous un nuage
>   Et sa vertu et son visage
> Causent également l'esclat qu'elle produit.

> A voir ce bel objet si brillant et si sombre,
> (Si le soleil pouvait s'accompagner d'une ombre),
> C'est un ange caché sous le corps d'un mortel,
> Car elle a dans son nom ce que serait cet hoste

Charitable, chaste et dévote.
Tant de perfections méritent un autel ! (*)

(*) Ce genre de poésie était fort du goût de l'époque, du moins dans le Midi de la France qui était toujours un peu en retard pour le mouvement littéraire. L'abbé Follard, cha- noine de Nimes, dans la notice historique qui précède l'*Eliade* du P. Pierre de Saint-Louis, énumérant les qualités de son poète, dit : « Il apprit la langue latine, la rhétorique, etc.., et encore à faire des rébus, des anagrammes, des logogri- phes et autres pareilles choses, où il se rendit des plus habi- les hommes de son temps. » Parmi les anagrammes très-nom- breuses du P. Pierre, la plus curieuse est celle qu'il a dirigée contre un certain Balthazar de Vias, connu pour ses poésies latines. Celui-ci s'était moqué de son poème sur sainte Made- leine ; le P. Pierre, l'ayant appris • se mit à découdre son nom, dit l'abbé Follard, et, trois jours après, il le régala d'une douzaine d'anagrammes, toutes plus accablantes et plus meurtrières les unes que les autres. » La plus piquante est écrite en langue provençale. Le P. Pierre prend le nom de BAOUTAZAR DE VIAS qu'il décompose ainsi :

DIA, URO, AZE BASTA !

Vias se garda bien de répondre ; mais, dans une épître latine fort élégante, il avoue sa faute, met le tort sur sa cui- sinière qui l'avait rendu de mauvais humeur ce jour-là ; et finalement lui livre le nom de la misérable servante. « Elle s'appelle, dit-il, ELIZABETH DE SAINT-MARCEAU, nom qui contient presque toutes les lettres de l'alphabet et sur lequel vous pourrez faire non une, mais trente douzaines d'anagram- mes. » (Voir l'*Eliade*, publiée par l'abbé Follard, chan. de Nimes. Aix, Aug. Pontier, 1827.)

C'est ainsi partout la même couleur qu'emploie le poète. Ce sont les mêmes idées et souvent les mêmes expressions qui reviennent sous cette plume si stérile, malgré un insupportable verbiage.

J'en aurai dit, je crois, assez sur toutes ces sortes de compositions qui, pour la plupart, portent avec elles cette odeur forte et repoussante qui sent la hantise des mauvais lieux. Mais si, dans une appréciation de détails, il fallait noter toutes les pièces françaises du manuscrit, une seule manière, je pense, serait raisonnable; c'est celle dont usa Malherbe à l'égard de Ronsard. Il lui arriva, en un jour de mauvais humeur, de rencontrer sous sa main un exemplaire des œuvres du « Prince des poètes » comme on l'appelait de son temps. Il se mit à les biffer vers par vers. Comme on lui fit observer qu'il en avait oublié quelques-uns, il reprit la plume et biffa tout. C'est à peu près le sort que méritent les œuvres de poésies françaises du manuscrit.

Et, en formulant ce jugement si sévère soit-
il, nous pensons que personne ne nous con-
tredira de ceux qui ont lu attentivement ces
œuvres, sans parti pris pour l'auteur présumé
de cette élucubration poétique (*).

(*) Si l'on pensait que les exemples que nous avons don-
nés ne justifient pas assez cette sévère conclusion, qu'on sa-
che bien qu'il nous a fallu une véritable étude pour ne produire que des citations que l'honnêteté pût permettre.

IV

IV

LES PIÈCES EN PROSE

Érudition prétentieuse et factice de l'auteur. — Diverses
lettres à Madame de Chastelier, à Saint-Marcel Calvin,
à M. Silliot.

Les pièces en prose sont diverses lettres
que l'auteur a écrites soit à des amis, soit à
certains personnages distingués par l'élévation
du rang ou par la science.

Elles se composent :

1° D'une lettre d'envoi à M. le marquis de
Saint-Auban, au sujet de la pièce en vers qu'il
avait composée en son honneur, pour le re-

mercier des services rendus par lui à toute la population de Montélimar, son pays na tal ;

2° D'une lettre à Madame de Chastelier. Elle porte la date du 7 juin 1655. Entre autres choses, il lui demande des prières pour la conversion d'un père, d'une mère et de deux frères qui sont demeurés dans l'hérésie ;

3° D'une lettre à Saint-Marcel Calvin qu'il appelle « mon frère Adolphe », pour le féliciter de son retour à la foi. Elle est du 12 mai 1655 et signée : Sérapion ;

4° D'une lettre à M. Silliot, médecin. Elle est datée du 7 octobre 1654.

Les lettres sont d'ordinaire pour la critique les pièces importantes. Elles donnent la valeur réelle de l'homme qui les a écrites. Elles éclairent sur les doutes et les emba rras qu'on a rencontrés dans la lecture ou le travail de l'examen. En un mot, elles sont les pièces justificatives du jugement que l'on porte. Celles du manuscrit nous seront fort utiles à ce point de vue.

Mais littérairement elles sont aussi pauvres que les pièces en vers. C'est bien la même main qui a écrit vers et prose. Les mêmes défauts y sont plâtrés avec l'exactitude et les procédés du stéréotypage.

Comme dans les vers, il y a chez l'auteur une grande préoccupation de passer pour un homme d'esprit et un érudit des choses de l'antiquité. Mais cette érudition ne va guère qu'aux petites anecdotes et les plus inconnues sont les meilleures. Alexandre et les rois de Perse reviennent souvent sous sa plume. Ces noms célèbres lui servent quelquefois à inventer un conte qui va à son sujet et dont on n'ira pas vérifier l'exactitude dans les bibliothèques publiques ou les archives de Téhéran.

Dans la lettre à Madame de Chastelier (*), voulant remercier celle-ci d'un billet qu'il en avait reçu, il écrit :

« Votre lettre que le R. P. Sauzin me ren-

(*) Ms. p. 175,

dit, la semaine passée, me fait ressouvenir de ce favory d'Alexandre qui n'estima jamais de plus grande faveur parmy toutes celles qu'il en avait reçues, que lorsque ce jeune prince lui donna son portraict, faict dans le chaston d'une bague par un des fameux princes de l'univers... Madame, j'estime pour le moins autant votre papier que l'or de cette bague... Elle m'exprime de si beaux traicts en de si doux linéaments que si je pouvais donner à un pinceau la conduite de votre plume et l'expression de mon idée, je vous assure que toute religieuse, toute humble et toute voilée que vous êtes dans votre monastère, et tout éloigné que je suis de vous, je pourrais faire de beaux portraicts dans ma chambre, après cet original que je conserve si chèrement empreint dans mon esprit. »

Après un long fatras de semblables mignardises, il arrive enfin à traiter le sujet de sa lettre, qu'il aurait dû mettre en *post-scriptum* pour ne pas en détruire l'unité.

C'est à peu près sur ce modèle qu'il écrit toutes ses lettres.

Dans celle à Saint-Marcel Calvin (*), il débute ainsi :

« Tu me dis de si belles choses, après le silence d'une année, que tu me fais ressouvenir de cet Hécate de la Grèce qui, l'ayant observé sévèrement l'espace de trois ans avec l'admiration de tout un peuple, ne l'interrompit que pour annoncer à son fils sa promotion aux premières charges d'Athènes. »

La lettre va ainsi avec un grand étalage d'érudition prétentieuse. Il y parle d'Isigone ; cite Memphrodore, Protagoras, Virgile, Théocrite. Et tout cela pour dire à Saint-Marcel que sa lettre l'avait charmé.

Dans la lettre à M. Silliot (**), l'auteur fait parade d'une grande science médicale. Il écrit à ce médecin pour le remercier des conseils

(*) Ms. p. 180.

(**) Ms. p. 214.

qu'il lui donne en réponse à sa lettre, et le consulte de nouveau sur les moyens d'arriver « par l'astrologie » à la connaissance des humeurs « desquelles, ajoute-t-il, à vous dire le « vray, je suis bien en peine, après avoir « veu chez Hippocrate (*Lib. de natura humana*), le nombre qu'il en constitue ; et « dans son livre *De veteri medecina*, les signes pour les cognaistre. » Suivent des considérations sur « les vomissements jaunes, les sangs verts et d'autres blancs et faicts comme du laict ».

C'était la mode de ce temps : on n'était pas un homme suffisamment instruit si l'on ne pouvait citer à propos ou sans propos Hippocrate et Gallien. Notre auteur parait avoir été habile en cet art. Ses relations prouvent, du reste, qu'il devait passer pour un homme d'esprit et qu'il s'entendait un peu à tout. On dirait que c'est pour lui que Piron a écrit ce quatrain :

> D'Esculape, d'Amour, des sœurs de Calliope
> Je vois l'aimable sectateur,
> Le nouveau débarqué Procope,
> Gallant courru, poète et docteur.

Mais c'est à discuter l'authenticité du manuscrit que ces documents épistolaires pourront surtout nous être utiles.

V

V

AUTHENTICITÉ DU MANUSCRIT

EXAMEN DES PREUVES EN FAVEUR DE L'AUTHENTICITÉ.

Saboly et l'auteur du manuscrit. — Argument d'autorité. —
L'auteur faisait et envoyait des noëls. - - Etait-il organiste à Saint-Pierre? — Le noël de l'*Aygardentier*. —
L'adjonction du noël *Guihaume, Tòni, Pèire* à l'édition
de 1704.

Ce simple exposé des œuvres contenues
dans le manuscrit et les quelques observations que nous y avons faites suffiraient, ce
semble, à tout homme impartial pour formuler cette conclusion qui est absolument la
nòtre ; « le manuscrit de Carpentras n'est pas
de Saboly. »

Eh ! quoi, ce poète illustre de la Provence,
qui a mérité d'être appelé le troubadour du

XVIIᵉ siècle, ce génie si facile, si instinctif, si
plein de grâces naïves, qui, jamais une seule
fois, dans plus de soixante noëls, n'a démenti
ces merveilleuses qualités, serait celui-là
même qui dans ce manuscrit, compose avec
cette affectation, ce mauvais goût et ce désor-
dre d'idées que nous venons de signaler ?
Quoi ! notre Saboly qui a écrit avec tant
d'émotion chrétienne ses incomparables noëls,
qui a toujours été religieusement fidèle au
respect du dogme et de la doctrine catholique,
qui a toujours traité avec une piété révéren-
cieuse les divins personnages de la Crèche,
serait celui-là même qui a cru se donner des
airs d'homme d'esprit, en faisant ce mélange
sacrilége du sacré et du profane, qui cherche
son inspiration dans les passions honteuses,
et qui ne craint pas d'appeler en un
même témoignage les dieux du paganisme
et le Dieu unique des chrétiens (*) !

(*) Lettre à M. Silliot, ms., p. 121.

Sans doute, celui-ci a fait des noëls provençaux; mais, sans vouloir contester un certain mérite de quelques-unes de ses œuvres, je m'étonne qu'on ait trouvé qu'elles portaient le caractère des productions de Saboly. Qu'on en fasse une plus attentive lecture et l'on verra que ces noëls manquent absolument des qualités des œuvres du Maître. Il y a, il est vrai, une certaine élévation dans un ou deux noëls, mais ces sentiments élevés mêmes ne sont pas exprimés sans de l'affectation. Un autre nous a paru une pièce d'une très-haute portée ; mais c'est la seule, et, malgré cette perfection, nous ne craignons pas d'affirmer qu'elle ne porte pas l'empreinte du génie de Saboly.

Deux moyens nous aideront à établir notre thèse. D'abord nous réfuterons les raisons qu'on a apportées en faveur de l'authenticité. En second lieu, nous démontrerons par des preuves directes que le manuscrit de Carpentras ne peut convenir à Saboly.

EXAMEN DES PREUVES EN FAVEUR DE L'AUTHENTICITÉ.

1° Il y a d'abord un argument d'autorité très-considérable. Des hommes fort instruits et très-compétents, après avoir examiné le manuscrit, ont affirmé qu'il était écrit de la main même de Saboly.

Nous avons un grand respect pour ces témoignages d'hommes si graves ; mais il ne nous est pas possible d'accepter leur affirmation sans en demander la preuve, et la preuve fait totalement défaut.

C'est M. Richard qui a découvert ce manuscrit à la bibliothèque de Carpentras et qui le premier l'a attribué à Saboly dans une note que reproduit M. Barjavel. Il y est dit : «que ce manuscrit appartient *incontestablement* à Saboly. » La note ne dit rien de plus sur l'authenticité de ce document, et c'est en vain qu'on rechercherait une seule preuve d'une affirmation aussi absolue.

M. Requien, à son tour, a examiné le ma-

nuscrit ; la présence de quelques noëls provençaux excite son enthousiasme patriotique,
et il écrit que ces petits poëmes sont bien véritablement des noëls de Saboly. Il en prend une
copie que M. Seguin, sur la foi de son savant
compatriote, a publié dans sa grande édition
de 1856. Mais il y a là encore une pure affirmation sans la moindre preuve.

Enfin vient M. Boudin qui semble discuter,
mais pour affirmer la même chose plus absolument que les autres.

Mon admiration pour son talent de poète
ne m'empêchera de dire qu'il me paraît avoir
jugé avec beaucoup de légèreté en cette matière. Les autres semblent n'avoir lu du manuscrit que les noëls qu'on y trouve ; mais pour
lui, il l'a bien lu tout entier. Eh bien ! chose
incroyable, ce style si travaillé et si ampoulé,
et ces façons mauvaises du poète français
vont à le confirmer dans son parti pris d'y
voir la main et les qualités de Saboly. De
sorte que cette lecture lui sert à mettre au

compte du Maître tous ces détails de vie privée qui ne peuvent absolument lui convenir.

Il a rencontré des difficultés, mais il assure qu'elles ne sont pas sérieuses et qu'il ne faut pas s'y arrêter (*). Quant à celle si grave qui résulte de l'examen de diverses pièces au point de vue du style, de la manière de concevoir et d'exécuter les sujets qui sont traités dans cet ouvrage, M. Boudin n'y touche pas. Et cependant ce point de vue littéraire valait la peine d'être étudié, car il n'est pas possible que deux manières d'écrire entièrement différentes soient du même homme. Mais M. Boudin, comme ceux qui l'ont précédé, a tout affirmé sans rien prouver.

2° Il convient cependant d'avouer qu'il y a çà et là, dans le manuscrit, de certains faits touchant la vie de l'auteur qui peuvent induire en erreur ceux qui se contenteraient d'une lecture trop rapide et distraite. Il est

(*) *Testament de Nic. Saboly*, p. 17, *note*.

question en effet d'orgue, d'envoi de noëls ;
on y fait allusion aux troubles d'Avignon, etc.
C'est sur ces quelques données, je pense, que
M. Lambert, ancien bibliothécaire de la ville
de Carpentras, a cru pouvoir écrire dans son
Catalogue (*) : « On voit, par plusieurs passages des pièces contenues dans ce volume,
qu'en 1655 l'auteur était organiste de Saint-
Pierre d'Avignon ; qu'il composait des noëls
provençaux et qu'il avait acquis déjà quelque
célébrité dans les compositions de ce genre. »

En parcourant l'ouvrage, nous avons cherché avec le plus grand soin la preuve de ce
fait qui est attesté par M. Lambert, à savoir
que l'auteur du manuscrit aurait été organiste
de Saint-Pierre d'Avignon. Mais nous décla-
rons que nous n'avons rien trouvé qui puisse
autoriser cette affirmation. Une seule chose a

(*) *Catalogue descriptif et raisonné de la Bibliothèque
de Carpentras*, par M. Lambert, bibliothécaire. (Carpentras, 1862.)

pu motiver cette note écrite par le bibliothécaire de Carpentras, c'est le mot *orgue* qu'on
rencontre trois fois dans le cours du volume.
En deux endroits on trouve cette expression :
souffler l'orgue, simple locution que l'auteur
emploie à propos de sa muse pour dire *inspirer*. Une première fois dans l'Epître à M. Roubin (*) :

> Depuis la feste de Toussaints
> Elles (les muses) n'ont plus d'autres desseins
> Que de me venir *souffler l'orgue*.
> Jamais ce père de la Sorgue,
> Cet insigne faiseur de vers
> . . . .
> Ne fut mieux d'humeur à rimer
> Que je le deviens à cette heure.

Une deuxième fois, dans une invocation à sa
muse (**), mais en des termes que nous ne
pouvons pas reproduire.

Enfin une troisième fois le mot orgue est

(*) Ms., p. 35.
(**) Ms., p. 228.

employé dans la pièce intitulée : *Le Songe accompli* (*) :

> C'était prés de minuit, dans le temps que Morphée
> Reçoit des renifleurs un insigne trophée,
> Et que ce dieu nocturne en semant ses pavots,
> Fait glisser le sommeil jusqu'au fond de nos os,
> Que les plus fanfarons, s'oubliant dans leurs morgues,
> Semblent changer leur nez *en mille tuyaux d'orgues.*

Dans un autre passage d'une épître déjà
citée, M. Boudin croit voir un nouveau témoignage qui se rapporte aux fonctions d'organiste :

> Tu sais qu'on parle par les yeux,
> Lorsque la langue est interdite ;
> Et bien plus, on voit que les *doigts,*
> Dans Avignon, à notre ermite,
> *Lui servent de langue et de voix* (**).

Je ferai remarquer que rien absolument
dans le contexte n'oblige à prendre ces expressions que je souligne dans le sens que

(*) **Ms.**, p. 127.
(**) Ms., p. 53.

M. Boudin y attache. J'ajoute ce simple raisonnement ; de deux choses l'une : ou le personnage désigné dans ce passage est Saboly, et alors il faut dire qu'il n'est pas l'auteur du manuscrit, puisque celui-ci, dans ce passage, ne parle pas de lui-même, mais d'un tiers qu'il appelle *notre Ermite* ; ou bien ce n'est pas de Saboly qu'il est question, et alors le témoignage ne signifie plus rien. Et qu'on ne dise pas que cette façon de parler de soi-même en désignant un tiers est assez ordinaire, car on peut voir dans la même pièce que, lorsque l'auteur veut parler de sa personne, il n'y met point tant de cérémonie et c'est le plus volontiers du monde qu'il se met en scène.

Comme on le voit, ces divers passages n'offrent pas même de présomptions sérieuses. Quelle preuve, en effet, peut nous donner cette simple mention d'orgues ? Est-ce qu'on veut dire que le fait seul de parler de cet ins-

trument désigne forcément Saboly? Ce ne serait pas admissible.

Et voilà pourtant sur quels indices on a
écrit que l'auteur du manuscrit n'était autre
que Saboly, l'organiste de Saint-Pierre d'Avignon.

3° Il est véritablement question, dans ce
document, d'envoi de noëls que l'auteur faisait à ses amis, ou plutôt, pour être exact,
d'envoi qu'il s'excuse de ne pas faire. On en
voit le témoignage dans deux ou trois endroits, notamment dans la lettre à Saint-Marcel Calvin, dans laquelle, parlant des dames
religieuses de Soyon il dit :

« Je te supplie, lorsque tu verras ces
« dames, de les assurer de ma très-humble
« obéissance et de la très-forte passion que je
« conserve à leur service. Je me trouvay si
« malheureux lorsque Madame de Monteiller
« me fit l'honneur de me commander de lui
« envoyer quelques noëls, aux dernières fêtes
« dela Noël, qu'ayant reçu sa lettre trop tard

« je lui envoyay d'autres vers sur le même
« subject, sans les régler aux airs qu'elle
« m'avait prescrits, qui n'étaient point pour
« lors de saison. »

Ce passage prouve véritablement que l'auteur envoyait parfois des noëls aux personnes de sa connaissance. Eh ! pourquoi non ? puisqu'il en composait ? A une époque où les noëls étaient fort en vogue, il est à croire que Saboly n'était pas le seul à composer ces poèmes et à les envoyer à ses amis. Quant à la prétentue célébrité que l'auteur avait acquise, le manuscrit ne prouve pas qu'elle soit allée au-delà des monastères de Tullins et de Soyon.

4° On trouve quelques allusions aux troubles qui à cette époque, 1655, agitaient la ville d'Avignon. Le seul trait qui s'y rapporte directement est ce vers :

On crut que je fuyais les débris d'Avignon (*).

Mais qu'y a-t-il d'étonnant que l'auteur,

(*) Ms., p. 100.

vivant au milieu de ces troubles, en fasse mention ? Une seule chose m'étonne, c'est qu'il ne parle pas plus souvent de ces évènements qui, à cette époque, occupaient tous les esprits.

5° L'auteur, dans un ou deux de ses noëls fait l'éloge du vice-légat Lomellini. Et l'on sait que ce représentant du gouvernement pontifical avait à peu près seul toutes les faveurs de Saboly.

Le passage auquel il est fait allusion se trouve dans le noël *Despièi l'aubo dòu jour* (*). On lit :

> Li dounarai per présent
> Moun bounet rouge,
> Et pièi diren tous ensèn
> A la jacènt
> Que senso gaire proulounga
> Lou fasse un pau mai alarga
> Per moussu lou vice-legat.

Dans l'édition de M. Seguin, on lit en note, p. XXXII : « Saboly revient ici à l'éloge du vice-légat Lomellini et demande pour lui la

(*) Ms. p. 204.

barrette de cardinal qu'il lui a prédite ailleurs.

Il y a une petite difficulté à cela, c'est que ce noël se trouve, dans le manuscrit, avec plusieurs autres, rangé sous la rubrique : *Noël pour l'an* 1656. Or, à cette date, il ne pouvait être question de Mgr Lomellini (*) qui n'a été vice-légat d'Avignon que neuf ans plus tard, en 1665. D'autre part, l'on sait qu'avant cette époque, Saboly n'avait pas l'habitude de faire l'éloge des vice-légats. Ce passage ne peut donc lui convenir.

6° Il existe au Musée Calvet, d'Avignon, un noël autographe intitulé *l'Aygardentier*, qui est attribué à Saboly. Or, le manuscrit de Carpentras est absolument de la même écriture.

(*) A cette année 1656 le vice-légat était Jean-Nicolas Conti, qui venait d'être nommé et qui demeura dans ces fonctions jusqu'à l'année 1659. Il fut élevé au cardinalat par le pape Alexandre VII, le 14 janvier 1664.

Voir l'*Annuaire administratif, statistique et historique du département de Vaucluse*, par M. Achard, (Avignon, Seguin, 1854.)

Cette manière d'argumenter est malheureusement un cercle vicieux. Si M. Requien, en effet, a attribué ce poème à Saboly, c'est parce qu'il a trouvé que l'écriture en était identique à celle du manuscrit son seul point de départ. Et c'est lui-même qui a écrit le nom de Saboly au bas de ce noël.

Il est incontestable que l'*Aygardentier* est du même auteur que le manuscrit. Outre cette parfaite ressemblance des deux écritures, on trouve une certaine analogie d'idées et d'expressions avec d'autres noëls de l'autographe. On y trouve l'âne de la Crèche et le cri : *hi ! ho !* que l'on chante dans *Guihaume, Tòni, Pèire*, et dans *Bourtoumiéu, me vos-tu crèire*. Le manuscrit présente le même sujet essayé sur un autre rhythme. On lit en effet à la page 217 :

> Li a un certain drillo
> Que s'en vai criden :
>   A l'aygarden !
> Que dis qu'uno fiho

A fach un jouvènt
Dessus lou fen.

Evidemment, c'est la même main qui reproduit la même idée sous une autre forme.

Mais la seule conclusion que l'on puisse tirer de ceci, c'est que l'auteur qui a écrit l'*Aygardentier* est bien le même que l'auteur du manuscrit.

7° L'adjonction du noël *Guihaume, Tòni, Pèire* à l'édition de 1704 a paru être une forte présomption en faveur de l'authenticité du manuscrit.

Oui, peut-être, si l'éditeur avait prétendu ne publier que des noëls de Saboly. Mais on sait que, déjà à cette époque, les éditeurs réunissaient sous l'étiquette appétissante des *Noëls de Saboly*, tous ceux qui avaient quelque popularité. Du reste, quelle qu'ait été l'intention de l'éditeur, on n'avait pas toujours les moyens d'établir l'authenticité de chacun de ces petits poèmes qui commençaient à être fort nombreux. Ainsi, même en 1699, Chastel était obligé de s'en fier aux traditions des familles pour l'édition qu'il publiait cette année-là.

Ce sont là à peu près tous les arguments qu'on invoque pour établir l'authenticité du manuscrit. Comme on le voit, il n'y a guère que des présomptions et des conjectures, mais sans fondement réel ; nous venons d'en donner la preuve.

Mais il y a plus que cette preuve que j'appellerai négative. Nous avons, à notre tour, à produire des affirmations directes, nettes, précises et qui nous paraissent irréfutables.

VI

VI

AUTHENTICITÉ DU MANUSCRIT

(Suite.)

PREUVES DIRECTÈS CONTRE L'AUTHENTICITÉ DU MANUSCRIT.

Preuves littéraires. — Métaphore du « Soleil ». — Preuves historiques. — L'auteur du manuscrit se nomme lui-même « frère Sérapion ». — Il est né à Montélimar. — Ses parents étaient protestants.

Parmi les preuves contre l'authenticité, les unes sont *littéraires* et se rapportent à certaines particularités de la forme ; les autres sont *historiques* et présentent des faits relatifs à la vie de l'auteur.

PREUVES LITTÉRAIRES. — La première et, selon nous, la plus considérable, est celle qui résulte de l'examen attentif des œuvres du manuscrit comparées aux noëls de Saboly.

Cet examen, nous l'avons fait; nous n'y reviendrons pas. Nous en faisons ici une simple mention pour affirmer de nouveau que, pour tout homme habitué tant soit peu à juger du style, qui est comme le son de voix particulier de l'écrivain, il n'est pas possible de confondre ces deux hommes.

2° Chaque auteur, écrivain, poète, orateur a, outre sa manière propre de parler, quelque chose qui est comme la note caractéristique à laquelle on peut toujours le reconnaître : c'est un trait, une locution, une figure, quelquefois un mot qui revient et à tout propos, sans réflexion, instinctivement. On a cette manière et ce tour, comme on a un tic. On peut se tromper sur la manière générale, mais le tic ne trompe jamais.

L'auteur du manuscrit a le sien, très-visible, très-fréquent, dont il ne peut se débarrasser : c'est la métaphore ou la comparaison du « Soleil ». Cette métaphore et cette comparaison sont à toutes les pages des œuvres du manuscrit. Il n'est peut-être pas quatre pièces dans les compositions françaises qui ne présentent l'une ou l'autre de ces figures. Dans celle à Madame de Clermont, que nous avons examinée, on a pu voir quels efforts le poète fait pour arriver à cette singulière alliance du soleil avec la nuit.

Dans les quelques noëls provençaux, c'est à tout propos que le poète y met le soleil.

Dans le noël *Fau que l'envejo me passe*, page 167 du manuscrit, on lit :

> Si vous lou vesias quand teto
> Es plus poulit qu'un *soulèu*.

Dans *Vous austres anas de tastoun*, p. 168 :

> Vous autres parlas après èu
> Et de la luno e dòu *soulèu*.
>
> .   .   .   .
> Mai segur noun aves nouta
> L'astre d'aquelo nuech ; anas trouba lei pastre,
>
> .   .   .   .
> Elei vous diran qu'un *soulèu*
> Ei na....   .

Dans le noël *Despièi l'aubo dòu jour,*
p. 204 :

> Dison qu'aquèu bel agnèu
> Fa gau de vèire.
> Trelusis coume un *soulèu,*
> De tant qu'es bèu.

Dans *Viras, viras de carriero,* p. 219 :

> Bèu *soulèu,* paire dòu jour
>
> . . . .
>
> Escoundès vostèi pèu rous
> N'aven plus besoun de vous
>
> . . . .
>
> E vous, *poulido lugano*
> Que tant lusissés en aut,
> Escoundès voste fanau !

Dans le *Guihaume Tòni, Pèire,* p. 44 :

> Vous an jamai fa vèire
> Lou *soulèu* que per un trau.
>
> . . . .
>
> Venès vite qu'aquesto fes
> *Lou* veirés
> Tant que voudrés.
>
> . . . .
>
> *Lou soulèu*
> Près de sei pèu
> Semblarié qu'un calèu.

A la page 190 :

> Despièi que lou *soulèu*.....

Or, que l'on compare les 67 noëls que la tradition attribue à Saboly, et l'on trouvera à peine une fois cette comparaison, au nº 15 : *Ourguhious plen de magagno*. Cette observation me paraît très-importante.

3º Il y a une autre expression que l'on rencontre aussi fréquemment dans les pièces provençales, c'est le mot *Candelo* ou *luneto*.

A la page 169, on lit :

> Noun leves plus tant vitamen
> Lei *lunetos* ou firmamen.

A la page 209 :

> Aro toutei vesen la piéucelo
> Senso *candèlo*.
>
> . . . .
>
> Tenès ! vesès sènso *luneto*
> L'enfant que teto.

Dans *Guihaume, Tòni, Pèire* :

> Senso gés de *luneto*
> Diéu fai vèire sa clarta.

Le noël : *Noun vous amusès en cansoun,*
publié dans l'édition de 1704 est évidemment
de l'auteur du manuscrit. On y retrouve les
mêmes idées que dans les noëls de cet autographe. On lit à la deuxième strophe :

> Pèr lou vèire noun prenguès pas
> Ni lou calèu ni la *candelo:*
> Es tout lusèn coume uno estello.

Eh ! bien, dans les noëls de Saboly cette
idée et cette locution ne se rencontrent pas
une seule fois. Je note volontiers ces petites
choses qui sont caractéristiques.

4° Dans cet ordre de preuves, je crois
devoir joindre ici celle qui résulte de l'examen autographique des manuscrits.

Nous n'avons rien de Saboly que sa signature que l'on trouve, aux archives de Monteux, dans les actes publics que Saboly a
passés ou dans lesquels il est intervenu
comme témoin. Cette signature (*) est de très-

(*) Elle nous a été communiquée par M. Chauvet, de
Monteux.

belle calligraphie et la comparaison en est facile à cause de certains signes particuliers que portent quelques-unes des lettres. Mais nous n'avons pas trouvé la moindre ressemblance avec aucun des caractères de l'autographe de Carpentras.

PREUVES HISTORIQUES. — 1° Il est à remarquer que le nom de Saboly ne se trouve pas une seule fois dans le manuscrit. Mais la lettre à Saint-Marcel Calvin est signée du nom de « Sérapion ». Dans une pièce en vers français, l'auteur se donne plusieurs fois ce même nom qui est évidemment un nom de religion et probablement le vrai nom de l'auteur, religieux dans quelque monastère d'Avignon. On lit à la page 99 du manuscrit :

> Tous ceux qui m'avaient vu et pris pour un espion
> . . . . S'écrièrent alors : *frère Sérapion !*
> *Frère Sérapion !* est-ce lui ? c'est lui-même.

2° Par un très-grand nombre de passages de la vie de l'auteur, par tout ce qui lui est

personnel dans le manuscrit, on voit en effet
qu'il était religieux. Nous nous abstenons de
citer, parce qu'il faudrait tout citer. Il suffit,
pour s'en convaincre, de porter les yeux sur
ce document. Or cette qualité de religieux ne
saurait convenir à Saboly, prêtre séculier et
bénéficier de la collégiale de St-Pierre.

3° Dans l'épître à **M. Roubin**, l'auteur dit,
page 59 :

> Je suis consumé jusqu'aux os,
> *J'ai vingt-trois ans* sur le dos.

Et dans la pièce qui a pour titre : *Le Songe
accompli*, je lis, page 130 :

> Après avoir troussé ma naissante moustache...

L'auteur était donc très-jeune quand il écrivait ces divers poèmes. Il est certain que toutes les œuvres du manuscrit portent avec
elles le caractère d'une folle jeunesse. Toutes
ces métaphores exagérées et ces façons ambitieuses accusent une grande inexpérience.

D'autre part, ce bouillonnement des passions, ces contes libertins ne s'expliquent que par les ardeurs d'une jeune imagnation. Or, aux années auxquelles il faut se reporter, pour fixer la date de ces productions, c'est-à-dire aux années 1655 et 1656, Saboly n'était plus un jeune homme de vingt-trois ans à la « naissante moustache » ; il était dans l'âge mûr, puisqu'il avait alors quarante-un ou quarante-deux ans.

4º Une raison très-évidente encore contre l'authenticité des noëls du manuscrit, c'est le fait de n'avoir pas été publiés du vivant de Saboly. Si Saboly en est l'auteur, comment expliquer que pas un de ces noëls n'ait été ajouté aux diverses publications qui se sont faites de son vivant, à partir de l'année 1668 ? Mais ce qui est très-inexplicable, c'est que le *Guihaume, Tòni, Pèire*, si populaire, et dont Saboly pouvait certes se faire honneur, ait subi le même sort. Car, et c'est là un point très-important à noter, les divers cahiers qui ont été publiés de 1668 à 1674 ne donnent pas cette pièce. Elle est publiée pour la première fois dans l'édition de 1704, c'est-à-dire près de trente ans après la mort de Saboly.

5° Mais la preuve la plus irréfutable, c'est celle que l'auteur nous fournit lui-même dans deux documents précieux du manuscrit, où il écrit de sa main « qu'il est né à Montélimar » et que « ses parents sont protestants ». Ici il ne s'agit plus d'appréciation ou d'interprétation quelconque, mais de deux faits très-clairs, très-précis, écrits non pas en vers, ni en aucun langage figuré, mais en prose, sans la moindre figure, et comme on écrit un simple détail d'histoire. Cette double affirmation se trouve dans deux lettres, l'une à **M.** de Saint-Auban et l'autre à Mme de Chastelier.

Dans la lettre à **M.** de Saint-Auban, il dit :

« Monsieur...... Si tost que j'eus l'honneur
« d'apprendre les signalés services que vous
« veniez de rendre à tout le peuple de Mon-
« télimar (*parmy lequel j'ai eu l'honneur de*

« *de naître et duquel ny mon esloignement,*
« *ny mon* (*)...) dans une oppression ex-
« trême que les barbares mesmes puissent
« faire souffrir à leurs ennemis; je crus,
« Monsieur, qu'*ayant receu l'honneur de ma*
« *naissance dans cette ville*, je n'estais pas
« moins obligé que le reste des habitants de
« vous témoigner ma très-humbre reconnais-
« sance; et surtout *me voyant à présent*
« *dans un païs* où ces belles actions sont si
« cogneues et dont j'ai toujours ouï parler
« avec admiration..... Dans l'amour que j'ai
« pour *ma patrie, mon esloignement* qui ne
« m'a pas empêché de ressentir les bienfaits
« dont elle vous est redevable, ne m'en dis-
« pense pas aussi.... »

Que pourra-t-on répondre à une affirmation
si nette et si précise?

(*) Ce membre de phrase que j'ai enfermé entre paren-
thèses et que j'ai souligné, l'auteur l'a raturé pour éviter un
embarras de style. Je l'ai reproduit afin de montrer qu'il entend bien affirmer sa naissance à Montélimar.

Cependant M. Boudin, effrayé qu'on pût venir le troubler dans sa joie d'avoir rencontré un manuscrit autographe de Saboly n'admet pas de difficultés possibles ; c'est pourquoi il pense qu'il ne convient pas de s'arrêter à ces détails insignifiants et que l'auteur a voulu seulement rappeler qu'il était originaire de Montélimar (*).

Cette explication ne tient pas. L'auteur du manuscrit, pour n'être pas un homme de goût, n'en est pas moins un homme d'une certaine instruction, qui s'est fort bien ce qu'il dit et qui n'a pu se tromper sur le sens des mots au point de confondre *l'origine* avec *la naissance*. Or, il dit *ma naissance, ma patric, mon esloignement*. Et quant il dit : « Me voyant *à présent* dans un païs, etc... », cette locution ne peut laisser aucun doute sur le sens que l'auteur y attache. Evidemment elle signifie qu'il y a un temps passé où il habitait

(*) Voir *Testament de Nic. Saboly*, p. 18, note.

ce pays, lieu de sa naissance, mais que, *quant à présent*, il en est éloigné.

L'auteur du manuscrit est donc né véritablement à Montélimar. Un fait remarquable, du reste, en dehors du témoignage si incontestable que nous venons d'examiner, c'est que, comme on peut le voir en jetant les yeux sur ce document, toutes ses relations sont dans le Dauphiné : ses connaissances les plus intimes sont à Montélimar, à Valence, à Tullins, à Soyon, à Saint-Marcel. C'est-là que résident ses amis, c'est-là que sont ses souvenirs les meilleurs, ceux de son enfance. Il n'y a pas jusqu'à un « refrain de Valence » qui le fait tressaillir.

Quant à Saboly, il est né à Monteux, ainsi que nous l'avons établi dans la première partie de cette *Etude*. Les actes de l'état civil existent encore qui constatent sa naissance dans cette petite ville du Comtat. D'ailleurs, s'il avait voulu parler du lieu de son origine, ce n'est pas Montélimar qu'aurait désigné Saboly, mais Montbrison d'où sont venus ses aïeux (*).

La lettre à Mme de Chastelier est datée du 7 juillet 1665. J'en extrais ce passage :

« Lorsque j'aurai l'honneur d'être un peu
« plus familier, je prendrai la liberté de vous
« en demander (des prières) pour un subject
« très-important au repos de ma vie *qui*
« *est la conversion d'un père, d'une*
« *mère et de deux frères que j'ai dans l'hé-*
« *résie*. Et puisque vous avez tant de dévo-
« tion au B. Pierre de Luxembourg, vous me
« rendrez infiniment votre obligé si dans vos
« saintes communions vous daignez réclamer
« l'intercession de ce saint cardinal, pour
« m'obtenir du ciel une telle grâce et celle du
« pardon de mes péchés... »

Est-il besoin de dire que ces particularités ne peuvent d'aucune sorte se rapporter à Saboly ? En effet, à la date de cette lettre, 1655,

(*) Voir ci-dessus, p. 28, note.

Saboly n'avait déjà plus depuis longtemps son père ni sa mère. Il n'avait presque pas connu son père qu'il avait perdu à l'âge de 5 ans; il y avait déjà 36 ans, à cette année 1655. Sa mère était morte depuis 7 ans (*).

Cette fois cependant, M. Boudin trouve que la difficulté est sérieuse. Il dit : « Une pareille demande ne pouvant se rapporter ni à son père ni à sa mère, ne peut dès lors être applicable à ses frères. » C'est fort bien dit : mais, chose incroyable, malgré l'embarras que ce témoignage accuse, il ne renonce pas à établir l'authenticité de la lettre, parce qu'il y est fait mention de Madame de Monteiller, cette religieuse même, auprès de laquelle l'auteur se fait excuser de n'avoir pu lui envoyer les noëls qu'elle avait demandés. Cette seule mention lui fait passer sur cette grave difficulté. Mais, l'embarras n'en demeure pas moins très-grand

(*) Jean Saboly mourut le 15 août 1619, et Félise Méliorat en 1648.

car si la lettre est de Saboly, comment expliquer que celui-ci parle de parents qui vivent dans l'hérésie, lorsque ses parents étaient morts depuis longues années. Et s'il faut convenir que celle-ci n'est pas de Saboly, tout l'échaffaudage croule sur lequel est bâti si péniblement cet édifice d'authenticité.

Cependant, voici un biographe de Saboly, qui est aussi un illustre poète, lequel affirme, sans discussion, avec une sérénité parfaite, que les parents de notre noëliste étaient véritablement protestants. Ce biographe est M. Mistral, le chantre célèbre de *Mireio* et de *Calendau*. Il dit, parlant de Saboly : « Quand
« fuguè grandet, si parènt, *emai fuguèsson*
« *Uganaud*, lou mandèron estudia lou latin en
« Avignoun, au coulège di Jesuisto, e pu tard
« à Carpentras, encò dei mémi counven-
« tiau (*). »

(*) *Lei nouvé de Micoulau Saboly e di Felibre.* Préface, p. 9. — Avignon, les frères Aubanel.

Comment a-t-on pu affirmer cela sérieuse-
ment ? Outre les raisons que nous venons de
dire, qui sont plus que suffisantes pour réta-
blir la vérité, il y a contre l'opinion que nous
combattons les arguments les plus puissants.

D'abord, y avait-il des protestants dans le
Comtat, à l'époque où nous nous reportons ?
Et comment penser que des protestants origi-
naires du Dauphiné où ces sectaires étaient
fort nombreux et où ils avaient l'entière liberté
de leur culte, soient venus s'établir dans le
Comtat au cœur des Etats pontificaux.

En second lieu, il faut remarquer que Jean
Saboly, le père de notre poète, était consul et
l'un de ses frères châtelain à Monteux, c'est-à-
dire tous deux fonctionnaires et représentants
du gouvernement pontifical, le premier, nommé par le gouvernement du Pape, après pré-
sentation du vice-légat. Qu'on se figure donc
un représentant du Souverain-Pontife qui
serait huguenot. Est-ce admissible ?

Enfin, Saboly était prêtre. Eh ! bien, peut-

on penser que des parents hérétiques l'aient
fait élever dans la religion catholique et l'aient
destiné au sacerdoce ? Nous comprendrions
une conversion, à l'âge ou un acte si grave
est possible, et nous pensons que l'auteur du
manuscrit est dans ce cas ; mais un enfant
nourri dans le catholicisme par des parents
hérétiques et livré par eux à l'éducation des
jésuites pour être élevé aux ordres sacrés,
voilà ce qui me parait dépasser tout ce que
peut inventer la plus belle imagination de
poète.

CONCLUSION

Lorsque nous avons commencé ce travail d'examen sur le manuscrit de Carpentras, nous l'avons fait avec une vraie joie, pensant que nous n'aurions d'autre tâche que celle de noter et de relever pour les mieux faire connaître les beautés que le génie de Saboly avait dû y répandre à profusion. Un manuscrit de Saboly, avec des noëls provençaux peu connus et des poésies françaises complètement ignorées du public, quelle belle et bonne fortune ! Dans notre projet, c'était comme un hymne que nous eussions chanté en l'honneur du poète, et nous aurions disposé notre Etude en une sorte de trilogie que nous aurions intitulée et divisée de cette manière : Saboly, poète provençal ; Saboly, poète français ; Saboly musicien. C'est dans la première partie que serait entrée notre critique littéraire des noëls chantés depuis deux cents ans.

La pensée de mettre en doute l'authenticité du manuscrit ne pouvait nous venir en l'esprit, car nous avions en face de nous des autorités devant lesquelles nous aimons à nous incliner, quand il s'agit d'érudition et d'examen critique. Or, il n'est pas une d'elles qui n'affirmât, d'une façon absolue, l'authenticité de ce document. Le doute n'était donc pas possible.

Aussi toute notre préoccupation était de bien constater que les œuvres du manuscrit portaient l'empreinte certaine de la main et du génie de Saboly. Nous avons jusqu'à dix pages de notes, prises au début de notre travail, où se révèle cette sorte de parti pris d'affirmer la parfaite identité du Maître avec l'auteur du manuscrit. Et en relisant ces notes, je suis maintenant surpris de voir avec quelle sollicitude et quel amour je ramenais tout à cet objet de ma thèse, excusant toutes les pauvretés et toutes les faiblesses, expliquant par des présomptions inadmissibles les difficultés d'histoire et les doutes qui se présentaient sans cesse à mon esprit. Mon désir de ne voir partout là-dedans que la main de Saboly était tel, que j'aurais su mauvais gré à quiconque m'aurait démontré la possibilité d'une erreur dans mes calculs et dans mes convictions.

Mais enfin ma bonne foi n'a pu tenir à une plus longue étude. Un jour, après bien des hésitations, j'ai noté un doute sur mon cahier. Ce fut un moment d'angoisse : j'éprouvai une sorte de découragement; mais enfin, reprenant mes forces, je me proposai de revenir sur mes pas, afin de faire du manuscrit une étude plus libre, plus impartiale et plus approfondie. Hélas! le charme était rompu, et vingt fois j'ai été sur le point de m'arrêter. Néanmoins je me suis remis définitivement à l'œuvre avec une patience dont je ne me croyais pas capable. J'ai relu et relu encore ce volume, je l'ai examiné dans tous les sens, étudiant et analysant chaque pièce, scrutant toutes choses, fouillant jusque dans les replis du vieux papier, cherchant partout un indice, un rien qui pût me ramener à mon point de départ.

Ce travail d'examen a duré trois ans. Mais au bout de ce temps, armé de toutes preuves, j'étais arrivé à cette conclusion certaine :

LE MANUSCRIT DE CARPENTRAS N'EST PAS ET NE PEUT PAS ÊTRE DE SABOLY.

A vrai dire, j'avais trouvé dans cette œuvre tant de pauvretés littéraires, une absence si complète de tout vrai mérite, au moins pour ce qui regarde les compositions françaises ; je m'étais heurté à tant de vilenies et de choses innommables que, finalement, j'ai été heureux de pouvoir dégager, avec certitude, notre immortel Saboly de cette triste et honteuse paternité qu'on lui attribuait.

Mais alors quel est l'auteur du manuscrit?

Peu nous importe, puisque ce n'est pas Saboly. Nous n'avons pas le goût d'en faire honneur à personne. Que ce soit frère Sérapion ou tout autre, qu'il soit de Montélimar ou d'ailleurs, qu'il soit protestant converti ou non, religieux cordelier ou capucin, encore une fois, il ne nous importe pas. L'œuvre ne vaut pas qu'on en cherche l'auteur.

TABLE

PREMIÈRE PARTIE

ÉTUDE LITTÉRAIRE ET HISTORIQUE.

DEUXIÈME PARTIE

CARPENTRAS, IMPRIMERIE P. PRIÈRE.